So schön ist das

Münsterland

Sachbuchverlag Karin Mader

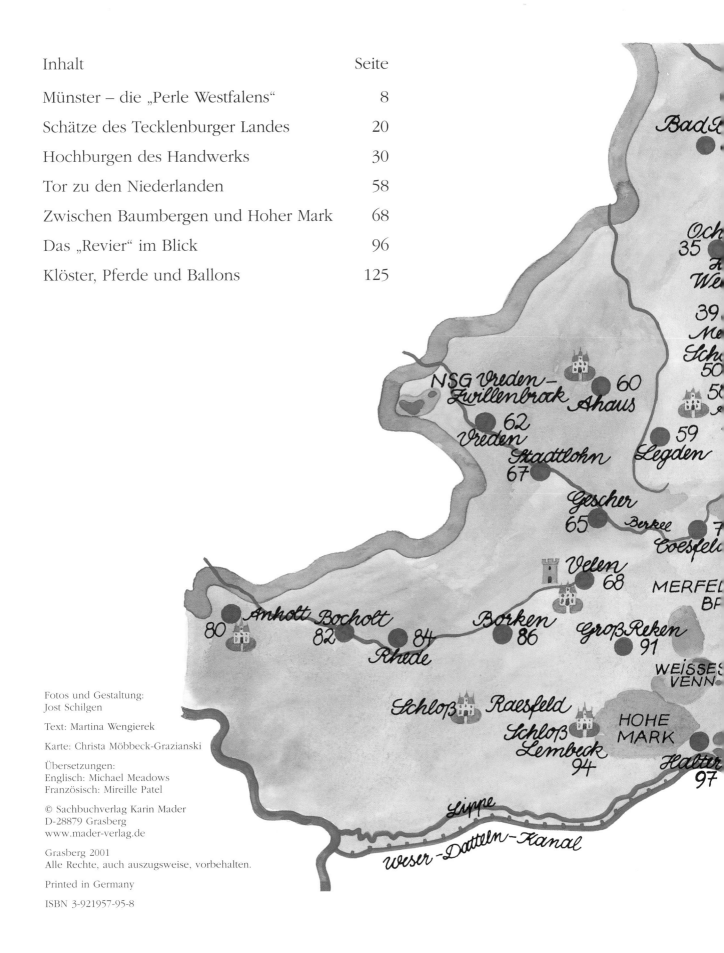

Inhalt

Fotos und Gestaltung:
Jost Schilgen

Text: Martina Wengierek

Karte: Christa Möbbeck-Grazianski

Übersetzungen:
Englisch: Michael Meadows
Französisch: Mireille Patel

© Sachbuchverlag Karin Mader
D-28879 Grasberg
www.mader-verlag.de

Grasberg 2001
Alle Rechte, auch auszugsweise, vorbehalten.

Printed in Germany

ISBN 3-921957-95-8

Die Ziffern hinter den Ortsnamen in dieser Karte entsprechen den Seiten-zahlen in diesem Buch.

The numbers following the place names on this map correspond to the page numbers in the book.

Les chiffres qui suivent les noms des localités dans cette carte correspondent aux munéros des pages de ce livre.

Hopsten

Heiliges Meer

Mittelland-Kanal

Mettingen 29

Hörstel

Ibbenbüren 24

Bentlage
Rheine 30

Surenburg

Tecklenburg 22

20. Lengerich

TEUTOBURGER WALD

Emsdetten 40

rgsteinfurt 44

Schloß Harkotten 147

Greven 48

Horstmar 52

Ostbevern

Bever

ahl 55

eck Havixbeck 71 54

Telgte 142

Warendorf 134

Ems

Harsewinkel 132

Marienfeld

Münster 8-19

Werse

EVERSWINKEL-ALVERSKIRCHEN

ERGE 4

Nottuln

Senden 102

Ennigerloh 130

Oelde 131

men 00

Vischering

Ascheberg 110

Schloß Steinfurt 115

104

Drensteinfurt 118

Ahlen

Beckum 121

BECKUMER BERGE

Lüdinghausen

Schloß Westerwinkel

108

Wadersloh 126

Schloß Nordkirchen

Abtei Liesborn

Selm 106

Werne

Schloß Cappenberg

Datteln-Hamm-Kanal

Hovestadt 123

Das Münsterland um 1740 von Matthias Seutter

Alles begann mit Karl dem Großen. Der Frankenkönig und spätere Kaiser trieb Ende des 8. Jahrhunderts die Christianisierung des Sachsenlandes voran. Erst als Westfalenherzog Widukind seinen Widerstand aufgab und sich taufen ließ, war die Schlacht gewonnen: Im Jahre 805 erhob Karl das Kloster („monasterium") des friesischen Missionars Liudger zum Bischofssitz, der zum Stützpunkt für die Eroberung der Region wurde – Keimzelle der Stadt Münster. Heute ist Münster mit rund 280000 Einwohnern die „gute Stube" des nördlichen Westfalens. Die Region zwischen Teutoburger Wald und Lippe, Heimat der Dichterin Annette von Droste-Hülshoff und Wirkungsstätte des westfälischen Barockbaumeisters Johann Conrad Schlaun, birgt viele landschaftliche und kulturelle Schätze, die sich am besten mit Muße entdecken lassen.

Die Voraussetzungen dafür sind ideal, denn das Münsterland gilt als Paradies für Radwanderer. So genannte „Pättkestouren" führen durch eine parkähnliche Landschaft und Naturschutzgebiete, Alleen und Wäldchen, vorbei an Flüssen, Mooren und Seen, Fachwerkhäusern und Kirchen. Als Königin unter den Fahrradwegen des Münsterlandes gilt die „100 Schlösser-Route" mit insgesamt 2000 Kilometern Länge. Vor allem die Ära der absolutistischen Fürstbischöfe hat der Region etliche repräsentative Residenzen beschert.

Auch Entdeckungsfahrten aus der Vogelperspektive haben Tradition. Seit 1785 in Burgsteinfurt der erste – allerdings noch unbemannte – Heißluftballon aufstieg, hat sich das Münsterland zu einem Mekka für Ballonfahrer entwickelt, die hier auch zu internationalen Wettfahrten starten.

Und wo sich so viele saftige Weiden und Koppeln aneinander reihen, dürfen natürlich Pferde nicht fehlen. Pony- und Reiterhöfe sind für Besucher ebenso ein Magnet wie eine der letzten Wildpferdeherden Europas. Zudem haben hier Olympiasieger ihre Heimat: In Warendorf werden Dressur- und Springpferde für den Hochleistungssport gezüchtet. Die Hengstparade des Nordrhein-Westfälischen Landesgestüts lockt jährlich Hunderte Zuschauer an.

It all began with Charlemagne. The king of the Franks and later emperor pushed forward the Christianization of Saxony at the end of the 8th century. It was only when Westphalian Duke Widukind gave up his resistance and let himself be baptized that the battle was won. In 805 Charlemagne elevated the monastery of Frisian missionary Liudger to a diocese that became the base for the conquest of the region – the nucleus of the city of Münster. Today Münster is the "sitting room" of northern Westphalia with a population of around 280,000. The region between Teutoburger Wald and Lippe, home of poetess Annette von Droste-Hülshoff and domain of baroque architect Johann Conrad Schlaun, contains many scenic and cultural treasures that are best discovered in a leisurely manner.

The basic conditions for such discoveries are ideal since Münsterland is considered to be a paradise for cyclists. So-called "Pättkestouren" take you through a park-like landscape and nature reserves, avenues and woods, past rivers, moors and lakes, half-timbered houses and churches. The queen of the cycling paths in Münsterland is the "100 Castle Route", which is 2000 kilometers long. Particularly the era of the absolutist prince-bishops bestowed the region with numerous representative residences.

Exploratory trips from a bird's-eye view also have a long tradition. Since the first hot-air balloon – though still unmanned – rose into the air in Burgsteinfurt in 1785, Münsterland has developed into a mecca for balloon voyagers that also start off on international races here. And where there are so many lush pastures and paddocks strung together, horses must not be lacking, of course. Pony and riding farms are as attractive for visitors as one of the last herds of wild horses in Europe. In addition, Olympic champions have their home here: dressage and show jumping horses are bred for top-class sport in Warendorf. The stallion parade of the North Rhine-Westphalia state stud farm attracts hundreds of spectators every year.

Tout commença avec Charlemagne. Roi des Francs puis empereur, il intensifia l'évangélisation des Saxons. Lorsque Widukind, duc de Westphalie, capitula et se fit baptiser, la partie était gagnée: en 805 Charlemagne éleva le monastère (monasterium) du missionnaire frison Liudger au rang d'évêché – à partir duquel il procéda à la conquête de la région – ce fut la cellule germinale de Münster. A présent cette ville de 280000 habitants est le «beau salon» de la Westphalie septentrionale. Cette région comprise entre la forêt de Teutoburg et la Lippe, patrie de la poétesse Annette von Droste-Hülshoff et champ d'action de l'architecte westphalien baroque Johann Conrad Schlaun, recèle de nombreux trésors tant du point de vue des paysages que de la culture mais il faut prendre son temps pour les découvrir. Les conditions pour ce faire sont idéales car le Pays de Münster est le paradis des randonnées à bicyclette. Les circuits («Pättkestouren») mènent, à des réserves naturelles, des allées, des bosquets, des rivières, des tourbières, des lacs, des maisons à colombages et des églises. La «route des cent châteaux», longue de 2000 kilomètres, est la reine de ces circuits pour cyclistes. C'est surtout la période du pouvoir absolutiste des princes-évêques qui a doté cette région de fort belles résidences.

Les voyages de découverte à vol d'oiseau ont aussi une longue tradition. Depuis qu'en 1785, à Burgsteinfurt, le premier ballon à air chaud s'éleva dans le ciel – il n'avait encore personne à bord – le Pays de Münster est devenu la Mecque des vols en ballon et accueille également des compétitions internationales.

Les chevaux ne doivent pas, bien sûr, être absents dans une région où abondent vertes prairies et pâturages. Les fermes d'équitation et l'un des derniers troupeaux de chevaux sauvages d'Europe, attirent beaucoup de visiteurs. Les champions olympiques sont ici chez eux: à Warendorf on élève des chevaux pour le sport de haute compétition, dressage et saut. La parade des étalons du haras de Nordrhin-Westphalie attire, chaque année, des centaines de spectateurs.

Münster – Die „Perle Westfalens"

Das Herz des Münsterlandes ist mehr als 1200 Jahre jung: Münster gilt als „Perle Westfalens" und macht es einem leicht, sich im Handumdrehen zuhause zu fühlen. Das wirtschaftliche und kulturelle Zentrum der Region ist zugleich bedeutende Universitäts- und Verwaltungsstadt. Der historische Kern wurde im Zweiten Weltkrieg fast völlig zerstört. Einem beispielhaften Wiederaufbau ist es zu

The heart of Münsterland is more than 1200 years young: Münster is considered to be the "pearl of Westphalia" and makes it easy to feel at home in the twinkling of an eye. The economic and cultural center of the region is, at the same time, a major university and administrative city. The historical core was almost completely destroyed during the Second World War. The original

Le coeur du Pays de Münster a plus de 1200 ans: Münster est considérée comme «la perle de la Westphalie» et l'on s'y sent vite chez soi. Ce centre économique et culturel est aussi une importante ville universitaire et administrative. Le noyau historique a été presque totalement détruit pendant la Deuxième Guerre Mondiale. Une reconstruction exemplaire a permis de conserver l'atmosphère

verdanken, dass die ursprüngliche Atmosphäre erhalten blieb – wie etwa am Spiekerhof, wo sich ein Ausflug in die regionale Küche lohnt. Bei Schinken, Töttchen und Potthast hat schon so mancher seine Schwäche für deftige Kost entdeckt. Über die Gäste wacht ein Original: „Kiepenkerle" wie dieser sorgten einst für den Nachrichten- und Warenaustausch zwischen Stadt und

atmosphere was preserved, however, thanks to exemplary reconstruction – as at Spiekerhof, where an excursion to the regional cuisine is worthwhile. Many a visitor has discovered a weakness for hearty food here over ham, "Töttchen" and "Potthast". A figure from the past watches over the guests: "Kiepenkerle" such as this one were once responsible for the exchange of news and goods

d'origine – au Spiekerhof, par exemple, l'on pourra faire une petite excursion dans la cuisine régionale. Nombreux sont les hôtes qui ont découvert leur faible pour les plats consistants en dégustant jambon, «Töttchen» et «Potthast». Un «Kiepen-kerle» monte la garde au-dessus de la clientèle: ses confrères autrefois permettaient aux marchandises et aux nouvelles de circuler entre la

Land. Adelssitze wie der Erbdroste-hof von 1757, der Prinzipalmarkt mit seinen Arkaden, der Dom und zahl-reiche Kirchen wie St. Lamberti und das ehemalige fürstbischöfliche Schloss aus dem 18. Jahrhundert (heute Hauptgebäude der Universität) erinnern an den Aufstieg Münsters zum katholischen Bischofssitz und Mitglied der Hanse, an das blutige Intermezzo der Wiedertäufer ebenso wie an die Besiegelung des Westfäli-schen Frieden.

between city and country. Residential seats of the nobility, such as Erb-drostehof from 1757, Prinzipalmarkt with its arcades, the cathedral and numerous churches, like St. Lamberti and the former prince-bishop's palace dating from the 18th century (now main building of the universi-ty) recall Münster's rise to a Catholic diocesan town and member of the Hanseatic League, the bloody inter-mezzo of the Anabaptists as well as the sealing of the Treaty of Westpha-lia.

ville et la campagne. Des demeures seigneuriales comme l'Erbdrostehof de 1757, le Prinzipalmarkt et ses arcades, la cathédrale et les nom-breuses églises telle St. Lamberti et l'ancien palais épiscopal du 18e siècle (aujourd'hui bâtiment princi-pal de l'université) rappellent l'ascension de Münster au rang d'évêché catholique et membre de la Hanse, l'intermède sanglant des ana-baptistes de même que la signature de la paix de Westphalie.

Im Rathaus aus dem 14. Jahrhundert, einem der Hauptwerke gotischer Profanbaukunst, wurde 1648 ein Schlusspunkt unter den 30jährigen Krieg gesetzt. Die Ratskammer ging als Friedenssaal in die Geschichte ein, denn hier wurde der spanisch-niederländische Frieden beeidigt. Den Gesandten von einst hat der flämische Maler Jean Baptist Floris mit Porträts ein Denkmal gesetzt.

In 1648 the 30 Years' War was put to an end in the Town Hall dating from the 14th century, one of the main works of Gothic secular architecture. The chamber of the Town Hall went down in history as the Peace Room, for it was here that Spanish-Dutch peace was sworn. Flemish painter Jean Baptist Floris created a memorial to the envoys of that time with portraits.

Ce traité, signé en 1648 dans l'hôtel de ville du 14e siècle, mettait fin à la guerre de Trente Ans. La salle de l'hôtel de ville passa à l'histoire sous le nom de Salle de la Paix car c'est ici que fut conclue la paix entre l'Espagne et la Hollande. Les portraits des ambassadeurs d'alors sont l'oeuvre du peintre flamand Jean Baptist Floris.

Bereits zu Beginn des 9. Jahrhunderts ließ Sachsenmissionar Liudger, von Karl dem Großen zum ersten Bischof des Bistums Münster berufen, einen Dom errichtet – die Keimzelle der Stadt. Der heutige Dom St. Paulus ist im wesentlichen ein Werk des 13. Jahrhunderts. Rund 40 Jahre dauerte es, bis der mächtige Sandsteinbau mit den hellgrün schimmernden Kupferdächern fertiggestellt war. Als monumentales Bauwerk aus der Übergangszeit vom romanischen zum gotischen Stil ist der Dom das bedeutendste Sakralwerk unter den westfälischen Kirchen.

Der Weg in den Dom führt durchs „Paradies" mit monumentalen Apostel- und Heiligenfiguren aus dem 13. Jahrhundert (rechts). Der

The Saxon missionary Liudger, who was appointed the first bishop of the Münster diocese by Charlemagne, had a cathedral built in the 9th century which became the nucleus of the city. Today's St. Paulus Cathedral is for the most part from the 13th century. It took approximately 40 years to complete the sandstone construction with the shiny, light green, copper roofs. As a monumental edifice originating during the transition period from Romanesque to Gothic, the cathedral is the most important sacral work among the Westfalian churches.

The cathedral entry leads through "paradise" with monumental apostles and saints from the 13th century (right). The immense interior casts a

Dès le début du 9e siècle, Liudger, l'évangélisateur des Saxons, nommé par charlemagne premier évêque de Münster, fit construire une cathédrale. Ce fut la cellule d'origine de la ville. L'actuelle cathédrale Saint-Paul est, pour l'essentiel, un édifice du 13e siècle. La construction de ce puissant édifice de grés aux chatoyants toits de cuivre verts dura près de 40 ans. Cette construction monumentale, représentative de la période de transition du style roman au style gothique, est l'édifice sacré le plus remarquable de Westphalie.

Pour se rendre à la cathédrale, on passe par le «Paradis» aux monumentales sculptures d'apôtres et de saints du 13e siècle (à droite). Le vaste expace intérieur fascine le visiteur.

gewaltige Innenraum zieht jeden Besucher in seinen Bann. Ein technisches Meisterwerk ihrer Zeit ist die astronomische Uhr im Chorumgang, die 1542 zu ticken begann.

spell on all visitors. The astronomical clock in the choir ambulatory, which began ticking in 1542, was a technical masterpiece at its time.

L'horloge astronomique de 1542, dans le déambulatoire, est un chef-d'oeuvre technique de son époque.

Schmucke Bogenhäuser bieten dem Alltag eine unvergleichliche Kulisse. Dieses steht in der Rothenburg, einer der ältesten Straßen Münsters, und stammt von 1583. Wer mal richtig abschalten will, hat's nicht weit. Gleich hinter der Innenstadt stolpert man über drei riesige Billardkugeln, die der Künstler Claes Oldenburg 1977 auf die grüne Wiese setzte. Hier beginnt das beliebteste Freizeitgebiet der Münsteraner: Der Aasee ist Treffpunkt für Segler und Jogger, Radler und Spaziergänger.

Neat arched houses create an incomparable setting for everyday life. This one is on Rothenburg, one of the oldest streets in Münster, and dates from 1583. Those who really want to unwind do not have to go far. Just outside the center you stumble upon three giant billiard balls that artist Claes Oldenburg placed in the green surroundings in 1977. The most popular recreational area for the local people begins here: Aasee is a meeting place for sailors and joggers, cyclists and strollers.

Les activités quotidiennes se déroulent dans le cadre incomparable des coquettes maisons à arcades. Celle-ci, située dans la rue Rothenburg, l'une des plus vieilles de la ville, date de 1583. Pour échapper à l'affairement de la ville il ne faut pas aller loin. Juste derrière le centre-ville on trébuche sur trois gigantesques boules de billard placées en 1977 par l'artiste Claes Oldenburg sur la verte prairie. C'est ici que commence l'espace de loisirs préféré des habitants de Münster: Les amateurs de voile, de jogging, de vélo et de promenades convergent tous vers le lac d'Aasee.

Das idyllische Landhaus in Nienberge, das Johann Conrad Schlaun Mitte des 18. Jahrhunderts für sich selbst erbaut hatte, wurde 1826 für 20 Jahre zum Zuhause der Dichterin Annette von Droste-Hülshoff. Seit 1936 ist es Droste-Museum. Als Musterbeispiel adeliger Wohnkultur des 16. Jahrhunderts gilt der Drostenhof in Münster-Wolbeck (rechts), ein ehemaliger Burgmannhof.

In 1826 the idyllic country house in Nienberge, which Johann Conrad Schlaun built for himself in the mid-18th century, became the home of poetess Annette von Droste-Hülshoff for 20 years. Since 1936 it has been the Droste Museum. Drostenhof in Münster-Wolbeck (right), formerly the residence of a lord of the castle, is considered a prime example of 16th century aristocratic interior decoration.

Cette maison de campagne idyllique que Johann Conrad Schlaun fit construire à Nienberge, au milieu du 18e siècle, accueillit en 1826 la poétesse Annette von Droste-Hülshoff qui y résida vingt ans. Le musée Droste y a été aménagé en 1936. Le Drostenhof à Münster-Wolbeck (à droite) est considéré comme un modèle de l'art de l'ameublement aristocratique du 16e siècle.

Schätze des Tecklenburger Landes

Am Südhang des Teutoburger Waldes liegt Lengerich. Wahrzeichen des Ortes ist das Torhaus zwischen Kirchplatz und Markt, der so genannte Römer. Große Geschichte schrieb Lengerich im 17. Jahrhundert, als sich hier die Gesandten zur Vorbereitung des Westfälischen Friedens trafen. Dass die Gegend schon früh besiedelt war, beweist ein Fund von 1928: In Wechte entdeckte man ein 4000 Jahre altes Megalithgrab.

Lengerich is situated on the southern slope of Teutoburger Forest. The gatehouse between Kirchplatz and Markt, the so-called "Römer" ("Roman"), is the landmark of the town. Lengerich made history in the 17th century when the envoys met here to prepare the Treaty of West-phalia. A find from 1928 proves that the area was settled at an early date: a 4000-year-old megalith grave was discovered in Wechte.

Lengerich est situé sur la pente sud de la forêt de Teutoburg. Le «Römer», maison de porte située entre Kirch-platz et Markt, est l'emblème de cette localité. Lengerich joua un rôle im-portant dans l'histoire du 17e siècle car c'est ici que les envoyés des rois se réunirent pour préparer la paix de Westphalie. Une tombe mégalithique datant de 4000 ans, découverte à Wechte, prouve que cette région a été peuplée très tôt.

Im 17. und 18. Jahrhundert war Tecklenburg durch seinen Leinenhandel bekannt. Heute locken nicht nur die Schlossruine – inzwischen ein Freilichttheater für 2000 Besucher – und malerische Fachwerkhäuser in der verwinkelten Altstadt die Besucher an. Puppenmütter werden im Torhaus selig: Wo 1670 die erste Leinenprüfanstalt Westfalens eingerichtet wurde, warten jetzt historische kleine Schönheiten auf Bewunderer.

In the 17th and 18th century Tecklenburg was known for its linen trade. Today it is not only the castle ruins – now an open-air theater for 2000 spectators – and picturesque half-timbered houses in the winding Old Town that attract visitors. Doll mothers find bliss in the gatehouse: at the site where the first linen test institute in Westphalia was set up in 1670 small historical beauties now await admirers.

Tecklenburg était connu aux 17 et 18e siècles pour le commerce du lin. A présent les visiteurs viennent y voir les ruines du château dans lequel une scène en plein air a été aménagée pour 2000 personnes – et les pittoresques maisons à colombages dans les recoins de la vieille ville. Les amatrices de poupées seront comblées à la Torhaus: c'est ici que se trouvait le premier établissement de contrôle du lin, aménagé en 1670 mais à présent de petites beautés anciennes y attendent les admirateurs.

Freizeitspaß ist Trumpf in Ibbenbüren, dem Mittelpunkt des Tecklenburger Landes. Zu den Attraktionen zählen das Motorrad-Museum (oben), der Park Sommerrodelbahn mit Märchenwald und das Aaseebad. Wer Lust auf eine Kletterpartie hat, sollte die Dörenther Klippen (rechts: Naturdenkmal „Hockendes Weib") nicht verpassen. Hier lernt man in einer Bergsteigerschule das Einmaleins des Kraxelns.

In Ibbenbüren, the center of Tecklenburger Land, recreational fun is in. The attractions include the Motorcycle Museum (above), Sommerrodelbahn Park with fairytale forest and Aaseebad. Those interested in climbing should not miss the Dörenther cliffs (right: "Hockendes Weib" ("Squatting Woman") natural monument). You can learn the ABCs of clambering up mountains at a mountain-climber school here.

Ibbenbüren, situé au coeur du pays de Tecklenburg, est dédié aux loisirs. Le musée de la moto (ci-dessus), la piste de luge d'été du parc avec la forêt enchantée et la piscine d'Aasee comptent parmi les attractions de cette localité. Pour ceux qui aiment l'escalade il y a les falaises de Dörenth (à droite: un monument naturel, la «Femme Accroupie»). Une école d'alpinisme y enseigne les rudiments de ce sport.

Zahlreiche Alleen durchziehen die münsterländische Parklandschaft. Diese romantische „Buchengasse" führt geradewegs zur Surenburg bei Riesenbeck. Die Ursprünge des Herrenhauses, ursprünglich auf zwei Inseln gelegen, gehen bis ins 15. Jahrhundert zurück. Es verfügt über eine bedeutende Kunstsammlung.

Numerous avenues run through the park landscape of Münsterland. This romantic "beech lane" leads straight to Surenburg near Riesenbeck. The origins of the manor, originally located on two islands, date back to the 15th century. It has a significant art collection.

De nombreuses allées sillonnent le paysage de parc du Münsterland. Cette romantique «ruelle de hêtres» mène directement au Surenburg près de Riesenbeck. L'origine de cette demeure seigneuriale, située autrefois sur deux îles, remonte au 15e siècle. Elle abrite une importante collection d'oeuvres d'art.

Flachs war im 17. und 18. Jahrhundert das einzige Pfund, mit dem das Tecklenburger Land wuchern konnte – viel mehr gedieh auf den Böden nicht. Die armen Bauern machten aus der Not eine Tugend, webten Leinen und brachen von den Gemeinden Hopsten (oben: Naturschutzgebiet „Heiliges Meer"), Recke und Mettingen aus in die Welt auf, um es zu verkaufen. Nach den wandernden Tuchhändlern werden sie noch heute „Tüöttendörfer" genannt. Eine typi-

sche Familie jener Zeit geht vor dem Hotel Telsemeyer in Mettingen ihrer Wege. Im Innenhof hält ein Museum die Erinnerung an Ihren Alltag wach.

In the 17th and 18th century flax was the only resource that Tecklenburger Land could exploit – not much else thrived on the soil there. The poor farmers made a virtue out of necessity, wove linen and set off into the world from the communities of Hopsten (above: "Heiliges Meer" nature reserve), Recke and Mettingen to sell it. They are still called "Tüöttendörfer" after the traveling cloth merchants. A typical family of that period goes its way in front of Hotel Telsemeyer in Mettingen. A museum keeps the memory of their everyday life alive in the inner courtyard.

Le lin était le seul revenu du pays de Tecklenburg aux 17 et 18e siècles – les sols ne permettaient guère d'autres cultures. Les pauvres paysans triomphèrent de l'adversité en tissant le lin et en le transportant des localités d'Hopsten (ci-dessus: la réserve naturelle de «Heiliges Meer», de Recke et de Mettingen vers l'extérieur pour le vendre. Encore aujourd'hui on appelle ces villages «Tüöttendörfer», d'après le nom des marchands de drap ambulants. Une famille typique de cette époque passe devant l'hôtel Telsemeyer à Mettingen. Dans la cour intérieure un musée montre comment ils vivaient.

Hochburgen des Handwerks

Rheine an der Ems, das 1327 Stadt-rechte erhielt und später Mitglied der Hanse wurde, hatte viele Herren: die Tecklenburger Grafen, die Bischöfe von Münster, Fürsten, Großherzöge und den französischen Kaiser, bevor es an Preußen fiel. Heute ist das ehemalige „Reni", dem die Textil-industrie früh zu wirtschaftlichem Aufschwung verhalf, die größte Stadt des Kreises Steinfurt. Ihr Wahrzeichen ist St. Dionysius von 1484, eine der Urpfarreien des Münsterlandes. Ihr berühmtester Sohn wurde 1881 geboren: Der Schriftsteller Josef Winckler wurde durch seinen Roman „Der tolle Bomberg" weltbekannt.

Rheine on the Ems, which received a town charter in 1327 and later became a member of the Hanseatic League, had many rulers – the Tecklenburg counts, the bishops from Münster, princes, grand dukes and the French emperor – before it fell to Prussia. Today the former "Reni", which the textile industry helped to achieve an economic upswing at an early date, is the largest town in the district of Steinfurt. Its landmark, St. Dionysius dating from 1484, is one of the original parish churches in Münsterland. Its most famous son was born in 1881: writer Josef Winckler became world famous through his novel "Der tolle Bomberg".

Rheine sur l'Ems qui obtint le droit de ville en 1327 et devint plus tard membre de la Hanse eut quatre sou-verains: les comtes de Tecklenburg, les évêques de Münster, princes et grands-ducs et l'empereur des Fran-çais avant de passer à la Prusse. A présent l'ancienne «Reni» à laquelle l'industrie textile apporta très tôt la prospérité, est la plus grande ville du district de Steinfurt. St. Dyonisius de 1484, l'une des premières parois-ses du Münsterland, est l'édifice distinctif et l'emblème de cette ville. Son fils le plus célèbre naquit en 1881: l'écrivain Josef Winckler devint célèbre dans le monde entier grâce à son roman «Bomberg l'Insensé».

Es war im Jahre 838, als Kaiser Ludwig der Fromme den karolingischen Königshof „Reni" dem Benediktinerinnenkloster Herford schenkte. Die adligen Herren von Hake und von Valke übernahmen die Verwaltung und gaben dem Hof seinen Namen. Seit 1940 ist der Falkenhof Eigentum der Stadt Rheine und dient heute als Kulturzentrum. Die Tür zum Reich der Fantasie öffnet sich im ehemaligen Kloster und späteren Residenzschloss Bentlage: Seine Bibliothek

It was in the year 838 that Kaiser Ludwig the Devout donated the Carolingian royal estate, "Reni", to the Benedictine convent of Herford. The noble lords von Hake and von Valke assumed responsibility for managing the estate and gave it its name. Since 1940 Falkenhof has been the property of the city of Rheine and serves as a cultural center today. The gate to the realm of fantasy opens in the former monastery and later residential palace of Bentlage:

En 838 l'empereur Louis le Pieux fit cadeau du château carolingien de «Reni» au monastère bénédictin d'Herford. Les seigneurs de Hake et de Valke le gérèrent et lui donnèrent son nom. En 1940 il devint propriété de la ville de Rheine et sert aujourd'hui de centre culturel. Dans l'ancien monastère de Bentlage, devenu plus tard résidence seigneuriale, on pénètre dans le royaume de l'imagination: sa bibliothèque abrite des recueils de contes de fée du

hütet Märchenschätze aus der ganzen Welt. Als das Gebäude in den 80er Jahren des 20. Jahrhunderts zu verfallen drohte, nahm sich ein Förderverein des Kleinods an. Nach aufwendiger Restaurierung entstand eine der schönsten kulturellen Begegnungsstätten des Münsterlandes. Erholung findet man im nahen Tierpark, in dem Anfassen ausdrücklich erlaubt ist. Er besaß den ersten Streichelzoo für Kinder.

its library looks after fairytale treasures from all over the world. When the building threatened to fall into disrepair in the 1980s, a society of sponsors rescued it from decay. Extensive restoration led to the creation of one of the most beautiful cultural places of encounter in Münsterland. Rest and relaxation can be found in the nearby zoological park, in which touching is expressly allowed. It possessed the first hands-on zoo for children.

monde entier. Dans les années quatre-vingts du 20e siècle, cet édifice montrant des signes de délabrement, une association se consacra à ce petit trésor. Il fut restauré à grands frais et c'est maintenant l'un des plus beaux lieux de rencontres culturelles du pays de Münster. Dans le jardin zoologique situé dans sa vicinité, il est expressément permis de caresser les animaux. Le premier «zoo à caresses» pour les enfants y fut aménagé.

Schon von weitem sind die Wehr-
türme des fürstlichen Schlosses von
Bad Bentheim zu sehen, ein Bau des
15./16. Jahrhunderts. Eine besondere
Sehenswürdigkeit ist ein romanisches
Steinkruzifix im Innenhof, der „Herr-
gott von Bentheim".
In die Welt der Töpfer und Weber
führt Ochtrup. Die Nähe zur Grenze
offenbart sich auch in der Architektur.
So erinnert das imposante Verwaltungsgebäude der Textilwerke der
Gebrüder Laurenz vom Ende des
19. Jahrunderts an Schlossbauten der
niederländischen Renaissance.

The fortified towers of the royal castle
of Bad Bentheim, an edifice dating
from the 15th/16th century, can be
seen from afar. A romantic stone
crucifix in the inner courtyard, the
"Hergott von Bentheim", is a special
sight.
Ochtrup takes you to the world of
potters and weavers. The proximity
to the border is also reflected in the
architecture. The imposing administration building of the textile mills of
the Laurenz Brothers, dating from the
end of the 19th century, for example,
recalls the castle edifices of the Dutch
Renaissance.

Les tours du château princier de Bad
Bentheim, un édifice des 15 et 16 e
siècles, sont visibles de loin. Dans
sa cour intérieure se trouve une
attraction particulière, le «Seigneur
de Bentheim», un crucifix roman.
Ochtrup mène au monde des potiers
et des tisserands. L'architecture révèle
aussi la proximité de la frontière.
Ainsi l'imposant édifice de l'administration des filatures des frères Laurenz, datant de la fin du 19e siècle,
rappelle les châteaux de la Renaissance hollandaise.

Im Ochtruper Stadtteil Welbergen
erhebt sich die gleichnamige Wasserburg mit einer alten Mühlenanlage.
Sie stammt aus dem 16. Jahrhundert.
Auch der Schlosspark ist einen
Abstecher wert. Ochtrup selbst war
einst Töpferhochburg. Um 1800 gab
es hier 23 Töpfereien. An diese
Blütezeit erinnert ein Museum mit
historischen Keramiken und zeitge-
nössischer Einrichtung.

In Welbergen, a section of Ochtrup,
stands the castle surrounded by
water having the same name with an
old mill complex. It dates from the
16th century. The park is also worth
a visit. Ochtrup itself was once a
pottery center. There were 23 pottery
workshops here around 1800. A
museum recalls this heyday with
historical ceramics and contemporary
furnishings.

A Ochtrup, dans le quartier de
Welbergen, se dresse le castel d'eau
du même nom qui date du 16e siècle.
Le complexe comprend aussi un
vieux moulin. Le parc du château
mérite, egalement, un détour.
Ochtrup même était jadis le haut
lieu de la poterie. Vers 1800 il y avait
ici 23 ateliers de potiers. Un musée
avec des céramiques anciennes et
des aménagements de l'époque
rappelle cet âge d'or.

Der Weg nach Langenhorst führt zu einer der interessantesten münsterländischen Hallenkirchen. St. Johannes war ursprünglich die Kirche eines Augustinerinnenklosters und wurde gegen Ende des 12. Jahrhunderts begonnen. Zu ihren Schätzen gehört eine Elfenbeinmadonna französischen Urspungs aus dem frühen 14. Jahrhundert.

The road to Langenhorst leads to one of the most interesting churches in Münsterland. St. Johannes was originally the church of an Augustine convent and was begun at the end of the 12th century. Its treasures include an ivory Madonna of French origin from the early 14th century.

La route de Langenhorst mène à l'une des églises-halles les plus intéressantes du Pays de Münster. St. Johannes était à l'origine l'église d'un couvent d'Augustiniennes et elle fut commencée vers la fin du 12e siècle. Ses trésors comprennent une Madone d'ivoire d'origine française datant du début du 14e siècle.

Metelen an der Vechte wurde vor mehr als 1100 Jahren gegründet – ein Frauenkloster, das Immunität und Privilegien genoß, machte den Anfang. Sehenswert ist die ehemalige Stiftskirche, die noch Bauelemente aus dem 11. Jahrhundert besitzt. Hier hat auch ein spezielles Schnitzhandwerk Tradition: In der historischen Holzschuhmacherei zeigen Meister von heute ihre Kunst.

Metelen on the Vechte was established over 1100 years ago – a convent that enjoyed immunity and privileges marked the beginning. The former collegiate church, which has architectural elements dating back to the 11th century, is well worth seeing. A special carving craft also has a long tradition here: present-day masters display their craft in the historical shoemaker's workshop for wooden shoes.

Metelen sur la Vechte fut fondée il y a plus de 1100 ans – son origine remonte à un couvent de femmes qui jouissait de l'immunité et autres privilèges. L'ancienne église collégiale qui comprend encore des éléments du 11e siècle, est remarquable. Cette localité pratique traditionnellement une forme d'artisanat particulière: dans la vieille saboterie les experts actuels montrent leur savoir-faire.

Emsdetten im nördlichen Münsterland ist seit dem 19. Jahrhundert ein Zentrum der Textilindustrie. Eines ihrer Produkte erlangte 1995 weltweiten Ruhm, als Aktionkünstler Christo den Berliner Reichstag mit einem silbrig-glänzenden Stoff verhüllte. Das Wannenmacher-Museum gewährt Einblicke in die Geschichte eines wenig bekannten Handwerks, das jahrhundertelang das Wirtschaftsleben des Ortes prägte. Mit Hilfe dieser flachen, geflochtenen Weidenkörbe wurde durch Hochwerfen die Spreu vom Korn getrennt.

Emsdetten in northern Münsterland has been a center for the textile industry since the 19th century. One of its products achieved worldwide fame in 1995 when installation artist Christo wrapped the Berlin Reichstag with a shiny, silvery fabric. The tub-maker museum provides insights into the history of a little known craft that had a marked influence on the economic life of the town for centuries. With the help of these flat woven wicker baskets the chaff was separated from the grain by throwing it up in the air.

Emsdetten dans le nord du Münsterland est un centre de l'industrie textile depuis le 19e siècle. L'un de ses produits acquit en 1995 une renommée internationale lorsque l'artiste Christo drapa le Reichstag à Berlin dans une étoffe aux reflets argentés. Le musée des faiseurs de baquets renseigne sur l'histoire de cet artisanat peu connu qui, pendant des siècles, joua un rôle important dans la vie économique de cette localité. On séparait jadis la bale du grain à l'aide de ce panier d'osier plat en le jetant en l'air.

Die ebene Landschaft rund um Emsdetten ist ideal zum Wandern und Radfahren. Auch Naturliebhaber kommen auf ihre Kosten, denn wo früher Torf abgebaut wurde, erstreckt sich heute das Schutzgebiet „Emsdettener Venn". Das erhaltene Hochmoor ist Heimat seltener Vogelarten und Pflanzen. Ein Lehr- und

The flat countryside around Emsdetten is ideal for hiking and cycling. Nature lovers also get what they are looking for since the area where peat used to be cut is now an expansive protected region, i.e. "Emsdettener Venn". The preserved moor is the home of rare species of birds and plants. An educational and adventure

Le paysage de plaine autour d'Emsdetten est idéal pour faire des randonnées à pied et en vélo. Les amis de la nature sont comblés car à l'endroit où la tourbe fut enlevée s'étend aujourd'hui la réserve naturelle d'«Emsdettener Venn». Les fagnes qui subsistent sont l'habitat d'oiseaux et de plantes rares. Un

Erlebnispfad stellt die typische Flora und Fauna vor. Wer die Landschaft einfach mal an sich vorbei ziehen lassen möchte, kann auf der Ems im Kanu paddeln oder auf einen Ausflugsdampfer steigen, der zwischen Emsdetten und Rheine verkehrt. Sogar das Fahrrad darf mit an Bord.

trail presents the typical flora and fauna. Those who simply want to watch the countryside pass by can go canoeing on the Ems or get on an excursion boat that operates between Emsdetten and Rheine. You can even take your bicycle on board.

sentier botanique présente la faune et la flore typiques des lieux. On peut aussi laisser le paysage glisser derrière soi en canotant sur l'Ems ou en empruntant l'un des bateaux d'excursion qui circulent entre Emsdetten et Rheine. On peut même prendre son vélo à bord.

Die ehemals selbständige Stadt Burgsteinfurt verschmolz im Zuge der
Gebietsreform gemeinsam mit Borghorst zur Stadt Steinfurt. Der Ortsteil
Burgsteinfurt bezaubert bis heute mit
einer idyllischen Altstadt, in der viele
schöne Patrizier- und Ackerbürgerhäuser ebenso wie das Alte Rathaus
von 1561 erhalten sind (oben). Auch
stattliche Wohnhäuser wie dieser
Ziegelbau aus dem 16. Jahrhundert
im Büttkamp 3 verleihen den Stra-
ßenzügen einen besonderen Reiz.

The former independent town of
Burgsteinfurt was amalgamated in the
course of local government reform
together with Borghorst into the city
of Steinfurt. Burgsteinfurt, now a section of Steinfurt, still captivates people
today with its idyllic Old Town, in
which many lovely patrician's houses
and town houses as well as the Old
Town Hall from 1561 are still intact
(above). Stately residential houses,
such as this brick edifice from the
16th century at Büttkamp 3, also lend
a special charm to the street scene.

La ville de Burgsteinfurt était jadis
autonome. A la suite d'une réforme
administrative elle fut réunie à Borghorst pour former la ville de Steinfurt. Encore aujourd'hui le quartier
de Burgsteinfurt enchante le visiteur.
Le centre historique est idyllique et
comprend de nombreuses et belles
maisons patriciennes et maisons de
ville des fermiers ainsi que l'hôtel de
ville de 1561 (ci-dessus). D'imposantes
demeures comme cet édifice du 16e
siècle situé au n° 3 rue Büttkamp,
donnent aux enfilades de rues un
charme particulier.

Einst hieß es hier studieren, jetzt heißt es regieren: In die ehemalige Hohe Schule vom Ende des 16. Jahrhunderts, erste Universität Westfalens, zog 1959 das Rathaus ein (links). Im 12. Jahrhundert entstand auf zwei von der Aa umflossenen Inseln die Burganlage der Edlen von Steinfurt. Zwischen dem 15. und 18. Jahrhundert wurde die Anlage zum jetzigen Wasserschloss der Fürsten zu Bentheim-Steinfurt umgebaut – eine der mächtigsten Anlagen des Münsterlandes. Im unteren Bild typische Ackerbürgerhäuser der Region.

Once the call here was to study, now to govern: the Town Hall (left) moved into the former High School from the end of the 16th century, the first university in Westphalia, in 1959. In the 12th century the castle complex of the noblemen of Steinfurt was built on two of the islands around which the River Aa flows. Between the 15th and 18th century the grounds were rebuilt into the present castle surrounded by water belonging to the princes of Bentheim-Steinfurt – one of the mightiest complexes in Münsterland. In the bottom picture typical houses of the rural workers.

On étudiait jadis ici mais à présent on y dirige les affaires publiques: en 1959 la mairie (à gauche) a emménagé dans l'ancienne Haute Ecole de la fin du 16e siècle, première université de Westphalie. Au 12e siècle la forteresse des seigneurs de Steinfurt fut construite sur deux îles de l'Aa. Entre le 15 et le 18e siècle ce complexe fut transformé et devint l'actuel château à douves des princes de Bentheim-Steinfurt – l'un des plus imposants du Pays de Münster. Dans la photo du bas des maisons d'agriculteurs typiques de la région.

Was wäre Greven ohne die Ems! Eine Furt mit Hafen am Ende der Pünten-Schifffahrt (Pünten sind flache Transportkähne) verhalfen früh zum Aufschwung. Heute zieht die Flusslandschaft vor allem Erholungssuchende an. Der Ortsteil Gimbte gilt als münsterländisches Bilderbuchdorf. Mit dem Sachsenhof Pentrup wurde eine 1200 Jahre alte Hofanlage rekonstruiert, die ein wichtiges Stück Siedlungsgeschichte der Region dokumentiert. An Aktionstagen wird hier getöpfert, gesponnen, gewebt, gefärbt und Eisen gewonnen (unten).

What would Greven be without the Ems? A ford with a harbor at the end of the "Pünte" shipping route (a "Pünte" is a flat transport barge) helped the town to experience an early upswing. Today the river landscape attracts above all recreation seekers. Gimbte is considered to be a perfect example of a Münsterland village. Sachsenhof Pentrup, a 1200-year-old estate that has been reconstructed, documents an important part of the history of the region's settlement. On special action days pottery, spinning, weaving and dyeing are carried out and iron is mined here (below).

Que serait Greven sans l'Ems! Un gué et un port là où se termine la navigation des Pünten (des péniches plates) permirent très tôt l'essor de la ville. De nos jours le paysage fluvial attire surtout les personnes qui cherchent le repos. Gimbte est considéré comme un village de livre d'image dans le Münsterland. Avec la ferme saxonne de Pentrup l'on reconstitua un complexe vieux de 1200 ans qui documente une partie importante de l'histoire du peuplement de cette région. Certains jours l'on organise des activités particulières: poterie, filage, tissage, teinture, fonte du fer (ci-dessous).

Schöppingen blickt auf eine mehr als 1150jährige Geschichte zurück. Sehenswert sind die Pfarrkirche St. Brictius, einer der Urpfarreien des Münsterlandes. Ihr kostbarstes Stück: der gemalte Flügelaltar des Meisters von Schöppingen aus dem 15. Jahrhundert (oben: Mittelteil). Von eindrucksvoller Schlichtheit zeigt sich das Alte Rathaus aus dem Jahre 1583. Heute wird der Renaissancebau bei festlichen Anlässen, für Ausstellungen und Konzerte genutzt.

Schöppingen can look back on an over 1150-year history. The sights worth seeing include St. Brictius, one of the original parish churches in Münsterland. Its most valuable piece: the painted winged altar by the master from Schöppingen dating from the 15th century (above: middle section). The Old Town Hall from 1583 displays an impressive simplicity. Today the Renaissance edifice is used for festive occasions, exhibitions and concerts.

L'histoire de Schöppingen a plus de 1150 ans. L'église paroissiale St. Brictius, l'une des premières paroisses du pays de Münster, est remarquable. Son principal trésor: le retable peint par le Maître de Schöppingen au 15e siècle (ci-dessus: la partie centrale). Le Vieil Hôtel de Ville de 1583 est d'une imposante simplicité. A présent cet édifice Renaissance est utilisé pour des festivités, des expositions et des concerts.

Die Ritter von Horstmar waren als erste da. Später wurden um Ihre Burg herum entlang der Stadtmauer acht Burglehen gegründet. Von den bereits 1366 genannten Burgmanns-höfen blieben fünf erhalten: Der Münsterhof (links oben) erhielt sein jetziges Aussehen um 1530. Der Merfelder Hof (oben) stammt von 1562 und spielt in seiner Fassade auffällig mit Back- und Sandsteinen. Der älteste erhaltene Hof ist der mehrgeschossige Borchorster Hof (links unten), der etwa 1525 entstand.

The knights from Horstmar were the first ones there. Later eight fiefs were established around their castle along the town wall. Of the castle lord estates mentioned back in 1366, five remained intact: Münsterhof (II above) was given its present appearance around 1530. Merfelder Hof (above) dates from 1562 and has a conspicuous arrangement of brick and sandstone in its facade. The oldest preserved estate is the multi-story Borchorster Hof (II below), which was built around 1525.

Les chevaliers d'Horstmar furent les premiers. Plus tard huit fiefs furent créés autour de leur château, le long des remparts de la ville. De ces fermes domaniales mentionnées dès 1366, cinq existent encore: le Münsterhof (II. ci-dessous) reçut son aspect actuel vers 1530. Le Merfelder Hof (ci-dessous) date de 1562. Sa façade est ornée de motifs de brique et de pierre. Le plus vieux d'entre eux est le Borchorster Hof à plusieurs étages (II. en bas). Il date d'environ 1525.

Havixbeck ging als Geburtsort von Annette von Droste-Hülshoff in die Geschichte ein, Burg Hülshoff, wo die Dichterin ab 1797 die ersten 29 Jahre ihres Lebens verbrachte, ist heute Droste-Museum und die prominenteste der drei Wasserburgen vor Ort. Die Wasserburg Haus Havixbeck (Foto) wurde im 12. Jahrhundert als Gräftenanlage errichtet. Das Herrenhaus mit dem achteckigen Treppenturm stammt von 1562 und besteht aus Baumberger Sandstein. Über die Arbeit in den Steinbrüchen, ihre rund 1000jährige Geschichte und die vielfältigen Verwendungen des leuchtend gelben Materials informiert ein Museum in Havixbeck.

Havixbeck went down in history as the birthplace of Annette von Droste-Hülshoff. Burg Hülshoff, where the poetess lived for the first 29 years of her life, beginning in 1797, is now Droste Museum and the most prominent of the three castles surrounded by water in the area. Another castle surrounded by water, Haus Havixbeck (photo), was built in the 12th century. The manor house with the octagonal stepped tower dates from 1562 and is made of Baumberg sandstone. A museum in Havixbeck provides information on the work in the quarries, their approximately 1000-year-old history and the diverse uses of the bright yellow material.

Havixbeck passa à l'histoire en tant que lieu de naissance d'Annette von Droste-Hülshoff. Le château d'Hülshoff où la poétesse, née en 1797, passa les 29 premières années de sa vie est aujourd'hui le musée Droste et le plus important des trois castels d'eau du lieu. Le castel d'eau Havixbeck (photo) fut construit au 12e siècle. La maison seigneuriale avec sa tour d'escalier octogonale date de 1562. La pierre utilisée est du grès des Baumberge. Un musée à Havixbeck informe sur le travail dans ces carrières, l' histoire de l'extraction qui a près de 1000 ans et les nombreuses utilisations de ce matériau d'un jaune lumineux.

So lässt sich heute noch wohnen: Schloss Varlar bei Osterwick, ursprünglich ein Kloster, befindet sich in Privatbesitz und kann nur von außen in Augenschein genommen werden. Nach der Säkularisierung zu Beginn des 19. Jahrhunderts brach man Kreuzgang und Kirche ab und machte sich an die Umgestaltung. Das Ergebnis ist eines des wenigen klassizistischen Wasserschlösser des Münsterlandes.

One can still live like this today: Schloss Varlar near Osterwick, originally a monastery, is privately owned and can only be viewed from the outside. After the secularization at the beginning of the 19th century cloister and church were torn down and the complex was redesigned. The result is one of the few classical castles surrounded by water in Münsterland.

Encore aujourd'hui il n'est pas désagréable d'habiter ici: le château de Varlar près d'Osterwick était à l'origine un monastère. Il appartient à des particuliers et on ne peut le contempler que de l'extérieur. Après la sécularisation de l'édifice, au début du 19e siècle, on procéda à la démolotion du cloître et de l'église et au remaniement des lieux. Le résultat est l'un des rares castels d'eau de style classique du Pays de Münster.

Kenner bezeichnen es als Juwel unter den Wasserschlössern. Doch auch hinter Schloss Darfeld verbirgt sich eine Privatadresse – am Torhaus ist für den Zaungast Endstation. Die Wasseranlage auf zwei Inseln beeindruckt durch ihren mächtigen Galeriebau. Die zweistöckigen, offenen Bogenhallen von 1618 muten fast südländisch an. Die Fassade besteht

Experts call it a gem among castles surrounded by water. However, Schloss Darfeld is also a private address – onlookers have to stop at the gatehouse. The complex surrounded by water on two islands is impressive due to its massive gallery design. The two-story open arched halls dating from 1618 appear almost Mediterranean. The facade consists

Les connaisseurs le considèrent comme un véritable bijou parmi les castels d'eau. Le château de Darfeld, cependant, appartient lui aussi à un particulier. Les curieux n'iront pas plus loin que la porte d'entrée. Le bâtiment construit sur deux îles, comprend un impressionnant édifice à galerie. Les salles de deux étages avec arcades de 1618 ont presque

aus Baumberger Sandsteinquadern, die Masken, Puttenköpfe und Beschlagwerk zieren. Das Herrenhaus ging 1899 in Flammen auf und erstand Anfang des 20. Jahrhunderts in Neurenaissance-Formen neu. Für die ausgefallene Besichtigung entschädigen die märchenhaften Alleen der Umgebung.

of square Baumberg sandstone blocks, ornamented by masks, cherub heads and decorative work. The manor house went up in flames in 1899 and was rebuilt in neo-Renaissance form at the beginning of the 20th century. The fabulous avenues in the surrounding area make up for the lack of a tour.

un air méridional. La façade est en blocs de grés des Baumberge enjolivée de masques, de têtes d'angelots et autres motifs ornementaux. Le corps principal fut détruit par les flammes en 1899 et fut reconstruit dans le style néo-Renaissance au début du 20e siècle. Les allées de conte de fée des environs dédommagent de la visite manquée.

Tor zu den Niederlanden

An der Ferienstraße der Hamaland-route in unmittelbarer Nachbarschaft zur niederländischen Grenze liegt Legden. Der Ortsteil Asbeck gehört zu den schönsten Dörfern des Münsterlandes. Zu den Sehenswürdig-keiten zählen die romanische Kirche mit wiederentdeckten Wand- und Freskenmalereien und malerische Fachwerkbauten wie das Torhaus „Hunnenpforte" (oben).

Legden is situated on the holiday-makers' section of the Hamaland route in the immediate proximity of the Dutch border. Asbeck, a section of the town, is one of the loveliest villages in Münsterland. The sights worth seeing include the Romanesque church with rediscovered wall and fresco paintings and picturesque half-timbered edifices, such as the gatehouse "Hunnenpforte" (above).

Legden est située tout près de la frontière hollandaise sur la route de l'Hamaland, une route affectionnée des vacanciers. Le quartier d'Asbeck est l'un des plus beaux villages du Pays de Münster. L'église romane dont on a redécouvert les fresques et les peintures murales ainsi que les pittoresques édifices à colombages comme la maison de la porte «Hunnenpforte» (ci-dessus) méritent une visite.

Legdens katholische Pfarrkirche
St. Brigida aus dem 13. Jahrhundert
glänzt mit einem Meisterwerk west-
fälischer Glasmalerei: Das Mittel-
fenster des Chores, das die Wurzel
Jesse darstellt, entstand zwischen
1230 und 1240. Es gilt als eine der
Inkunabeln der Glasmalerei in
Deutschland.

Legden's Catholic parish church
St. Brigida from the 13th century
shines with a masterpiece of Westphalian glass painting work: the
middle window of the choir, which
represents the stem of Jesse, was
created between 1230 and 1240. It
is considered to be one of the incu-
nabula of glass painting in Germany.

A Ledgen l'église paroisiale catholique
du 13e siècle, St. Brigida, contient un
chef-d'oeuvre de l'art des vitraux de
Westphalie: la fenêtre centrale du
choeur qui représente la lignée de
Jesse fut réalisée entre 1230 et 1240.
Elle est considérée comme un
incunable de la peinture sur verre
en Allemagne.

Von 1405 bis 1803 war Ahaus
Residenz der Fürstbischöfe von
Münster. Anstelle der zu Beginn des
11. Jahrhunderts erbauten Burg ließ
Fürstbischof Christian von Plettenberg Ende des 17. Jahrhunderts
dieses prächtige Wasserschloss errichten. Die Konzerte im barocken
Fürstensaal mit weltberühmten
Solisten und Orchestern sind heute
ein Muss für jeden Kenner.

From 1405 to 1803 Ahaus was the
residential seat of the prince-bishops
of Münster. Instead of the castle built
at the beginning of the 11th century,
Prince-Bishop Christian von Plettenberg had this magnificent castle surrounded by water constructed at the
end of the 17th century. The concerts
in the baroque Fürstensaal with
world-famous soloists and orchestras
are a must for every connoisseur
today.

Ahaus a été la résidence des princes-
évêques de Münster de 1405 à 1803.
L'évêque Christian von Plettenberg
fit construire ce magnifique castel
d'eau à la fin du 17e siècle à la place
d'une forteresse du début du 11e
siècle. Tout connaisseur se doit
d'assister aux concerts donnés dans
la salle des Princes baroque. Des so-
listes de réputation internationale y
participent.

Direkt an der Grenze zu den Niederlanden liegt Vreden, das von einer herrlichen Landschaft mit Wäldern, Hochmoor- und Heidegebieten umgeben ist. Ein Rundwanderweg führt kilometerlang durch das Natur- und Vogelschutzgebiet Zwillbrocker Venn. Ein Flachwassersee hat es auch Dutzenden von Flamingos angetan, die einem Zoo entwischten. Seitdem bilden sie die nördlichste Flamingo-Kolonie der Welt. Sie teilen sich das Revier mit tausenden von Lachmöwen, die hier brüten.

Directly on the border to the Netherlands lies Vreden, which is surrounded by a marvelous landscape with forests, moor and heath areas. A circular hiking path runs for kilometers through the Zwillbrocker Venn nature and bird reserve. A shallow-water lake also appealed to dozens of flamingos that escaped from a zoo. Since then they have formed the northernmost flamingo colony in the world. They share the territory with thousands of black-headed gulls.

Vreden, situé sur la frontière des Pays-Bas, est entouré d'un magnifique paysage de forêts, de fagnes et de landes. Un chemin de randonnée sillonne sur de nombreux kilomètres la réserve naturelle et zone de protection des oiseaux de Zwillbrocker. Un lac peu profond a aussi séduit des douzaines de flamants roses qui se sont échappés d'un zoo. Depuis lors ils constituent la colonie de flamants roses la plus sptentrionale du monde. Ils partagent leur habitat avec des milliers de mouettes rieuses qui y couvent.

Wer wissen möchte, wie die Menschen früher in Vreden und Umgebung gelebt und gearbeitet haben, kann reichlich in der Geschichte stöbern. Das Bauernhof-Museum im Stadtpark führt zurück in den Alltag des 18. und 19. Jahrhunderts. Die historische westmünsterländische Hofanlage mit elf Gebäuden erlaubt so manchen Blick in eine alte „gute Stube". Das Haupthaus entstand 1712 als strohgedecktes Zweiständerhaus und wurde im 19. Jahrhundert umgebaut und erweitert (oben).

Those who would like to know how people used to live and work in Vreden and the surrounding region can rummage through history to their heart's content. The Farm Museum in Stadtpark takes you back to everyday life in the 18th and 19th century. The historical western Münsterland farm complex with eleven buildings permits a look into an old sitting room. The main house was built as a thatched two-pillar building in 1712 and was rebuilt and extended in the 19th century (above).

Toute personne qui aimerait savoir comment les gens ont vécu et travaillé autrefois à Vreden et dans ses environs peut fouiller à son gré dans l'histoire. Le Bauernhof-Museum dans le Stadtpark retrace la vie quotidienne aux 18 et 19e siècle. La ferme ancienne de l'ouest du Pays de Münster avec ses onze édifices donne une idée de ce qu'était jadis une «gute Stube». Le bâtiment principal est une maison à deux piliers couverte de chaume. Elle date de 1712 mais fut remaniée et agrandie au 19e siècle (ci-dessus).

Das größte kulturgeschichtliche
Museum im Westmünsterland verbirgt sich hinter der Fassade eines
ehemaligen Gasthauses aus dem
17. Jahrhundert. Auf einer Ausstel-
lungsfläche von 1000 Quadratmetern
informiert es über die Region und
die Stadt, Volkskunde und Kunst-
handwerk, sakrale Kunst und die
Herstellung von Textilien.

The largest cultural history museum
in western Münsterland can be found
behind the facade of a former inn
dating from the 17th century. With
an exhibition area measuring 1000
square meters it provides information
on the region and city, folklore and
crafts, sacral art and the production
of textiles.

Le plus grand musée d'histoire de la
culture de l'ouest du Pays de Münster
se dissimule derrière la façade d'une
ancienne auberge du 17e siècle. Sur
une surface d'exposition de 1000
mètres carrés il informe sur la région
et la ville, le folklore et l'artisanat
d'art, l'art religieux et la fabrication
de textiles.

St. Franziskus in Vreden-Zwillenbrock gehörte einst zu einer Missionsstation, die 1670 zum Kloster erhoben wurde. Von hier aus betreuten Bocholter Minoriten niederländische Katholiken, denen die Calvinisten in ihrer Heimat den Gottesdienst untersagt hatten. Die prunkvolle Barockausstattung der Pfarrkirche aus der ersten Hälfte des 18. Jahrhunderts ist die reichste und besterhaltene im Münsterland. Neben der kunstvoll verzierten Kanzel und dem Hauptaltar ist vor allem die Orgel von 1720 ein Blickfang. Jährlich im Herbst locken Konzerte zahlreiche Musikliebhaber an.

St. Franziskus in Vreden-Zwillenbrock once belonged to a mission station that was elevated to a monastery in 1670. Bocholt Minorites looked after Dutch Catholics, whom the Calvinists had forbidden to carry out their religious services in their home country. The magnificent baroque furnishings of the parish church from the first half of the 18th century are the richest and best preserved in Münsterland. In addition to the artistically ornamented pulpit and the main altar, particularly the organ from 1720 is an eye-catcher. Every year concerts attract numerous music lovers in autumn.

St. Franziskus á Vreden-Zwillenbrock faisait jadis partie d'une mission qui fut élevée au rang de monastère en 1670. Les Minorites de Bocholt dispensaient leur ministère aux catholiques hollandais auxquels les calvinistes avaient interdit d'assister à la messe dans leur pays. Le sompteux mobilier baroque de cette église paroissiale de la première moitié du 18e siècle est le plus riche et le mieux conservé du Pays de Münster. La chaire ornementée avec art, le maître-autel mais surtout l'orgue de 1720 attirent le regard. Des concerts y sont organisés, chaque année, en automne. Les amis de la musique s'y rendent en grand nombre.

Aus Kupfer und Zinn Bronze zu schmelzen und daraus Glocken mit möglichst vollkommenem Klang zu gießen – das war schon im Mittelalter eine ganz besondere Kunst. Das Glockenmuseum in Gescher, das 1980 eröffnet wurde, erzählt von der Kulturgeschichte dieser Zunft und erläutert die aufwendige Technik. Bis heute ist jede Kirchenglocke ein Einzelstück. Gleich nebenan lässt sich in einer der letzten Glockengießereien den Profis über die Schulter schauen.

Making bronze from melted copper and tin and using that to cast bells with the most perfect sound – that was already a very special art back in the Middle Ages. The Bell Museum in Gescher, which was opened in 1980, recounts the cultural history of this craft trade and explains the sophisticated technology. Even today every church bell is a unique piece. Right next door you can look over the shoulders of professionals in one of the last bell foundries.

La fonte de l'étain et du cuivre pour en faire du bronze et des cloches au timbre le plus parfait possible était déjà au Moyen Age un art très particulier. Le musée des Cloches de Gescher, inauguré en 1980, raconte l'histoire culturelle de cette corporation et explique la technique complexe de leur art. Encore aujourd'hui il n'y a pas deux cloches d'église qui soient pareilles. Juste à côté on peut assister au travail d'experts dans l'un des derniers ateliers de fonte de cloches.

Stadtlohn ist ein beliebter Ausgangspunkt für eine Stippvisite in die benachbarten Niederlande – und für gemächliche Radwanderungen, die zahlreiche markierte Rundwege erleichtern. Der Ort mit und 20000 Einwohnern gehört zu den ältesten Pfarreien im Münsterland, die der spätere erste Bischof von Münster Ludgerus während seiner Missionsarbeit um das Jahr 800 gegründet hat.

Stadtlohn is a popular starting point for a flying visit to the neighboring Netherlands – and for leisurely bicycle tours, which are aided by the many marked circular routes. The town with a population of 20,000 is one of the oldest parishes in Münsterland and was established by Ludgerus, later the first bishop of Münster, during his missionary work around the year 800.

Stadtlohn se prête aux excursions dans la Hollande voisine. C'est aussi le point de départ de nonchalantes randonnées en vélo par les nombreux chemins marqués. Cette localité de 20000 habitants est l'une des plus vieilles paroisses du Pays de Münster. Elle fut fondée vers 800 par Ludgerus qui évangélisa la région et devint plus tard le premier évêque de Münster.

Zwischen Baumbergen und Hoher Mark

Die beschauliche Kulisse von rotem Backstein und heimeligem Grün trügt: Velen am Rande des Naturparks Hohe Mark ist alles andere als ein verschlafenes Nest. Walpurgismarkt, Kirmes, Schützenfest – hier versteht man zu feiern. Und dass sich hinter der hübschen Kulisse auch eine lange Geschichte verbirgt, demonstriert etwa Burg Ramsdorf, die früher als Bollwerk gegen die umliegenden Grafschaften diente. Jetzt beherbergt sie ein geschichtliches und naturkundliches Regionalmuseum.

The contemplative setting of red brick and cozy green is deceptive: Velen on the outskirts of Hohe Mark nature park is anything but a sleepy little place. Walpurgis market, fairs, shooting competition celebrations – here people know how to celebrate. And the fact that a long history is concealed behind the lovely setting is demonstrated, for example, by Burg Ramsdorf, which used to serve as a bulwark against the surrounding earldoms. Now it contains a regional history and natural history museum.

Le cadre contemplatif de brique rouge et le vert paisible trompent: Velen situé au bord de la réserve naturelle de Hohe Mark est tout autre chose qu'un village assoupi: foire de Walpurgis, Kermesse et fête des sociétés de tir – ici on sait s'amuser. Ce joli cadre cependant cache une longue histoire, ce que démontre le château de Ramsdorf qui servait autrefois de bastion contre les comtés environnants. Il abrite à présent un musée d'histoire et de sciences naturelles de la région.

Für die richtige Prise Luxus im Urlaub sorgt Schloss Velen mit seiner herrlichen Parkanlage, heute nobles Sporthotel. Die romantische Wasserschloss-Anlage hat ihre Ursprünge im 14. Jahrhundert. An ihrer Vollendung hatte später auch der bekannte Barockbaumeister Schlaun seinen Anteil.

Schloss Velen provides the right touch of vacation luxury with its marvelous park grounds, today an elegant sports hotel. The romantic castle complex surrounded by water dates back to the 14th century. The well-known baroque architect Schlaun also contributed to its completion later.

Pour s'offrir une note de luxe en vacances on ira au château de Velen converti en hôtel de grande classe et situé dans un parc magnifique. Ce castel d'eau romantique remonte au 14e siècle. Le maître d'oeuvre célèbre de l'époque baroque Schlaun contribua plus tard à sa complétion.

Mitten in der flachen Landschaft plötzlich sanfte, bewaldete Hügel: die Baumberge. Die Gemeinden hier sind stolz auf ihre oft über tausendjährige Vergangenheit, in der Handwerk früh goldenen Boden hatte. Billerbeck ist dennoch etwas besonderes. Schließlich starb hier im Jahre 809 der Heilige Liudger, so dass sich der Ort zu einem Wallfahrtsziel entwickelte. Seit 1898 erhebt sich der gewaltige Ludgerus-Dom genau an der Stelle, an der nach der Überlieferung der erste Bischof Münsters gestorben ist.

In the midst of the flat countryside suddenly gently rolling, wooded hills: Baumberge. The communities here are proud of their often over 1000-year past, during which the craft trades had their golden age at an early date. However, Billerbeck is something special. After all, St. Liudger died here in 809 and the town developed into a place of pilgrimage. Since 1898 the mighty Ludgerus Cathedral has towered over the site where, according to tradition, the first bishop of Münster died.

De douces collines boisées surgissent soudain au milieu d'un paysage de plaines: les Baumberge. Les localités sont fières de leur histoire, vieille parfois de plus de mille ans et de leurs riches traditions artisanales. Billerbeck, cependant, est une localité particulière. Saint Liudger y mourut en 809 et elle devint un lieu de pélerinage. La puissante cathédrale Ludgerus, construite en 1898, s'élève exactement à l'emplacement où, selon la tradition, le premier évêque de Münster serait mort.

Diese ehemalige Wasseranlage war früher Sitz der Herren von Kolven, die um 1400 ausstarben. Es folgten vielfacher Besitzer- und Pächterwechsel, bis der Bau fast verfiel. Erst Mitte des 20. Jahrhunderts besann man sich auf seinen architektonischen Wert und restaurierte die Kolvenburg. Heute dient sie als Kulturzentrum des Kreises Coesfeld.

This former castle surrounded by water used to be the residential seat of the lords von Kolven, who died out around 1400. This was followed by a period of repeated change of owners and leaseholders until the building nearly fell into disrepair. It was only in the mid-20th century that thought was given to its architectural value and Kolvenburg was restored. Today it serves as a cultural center for the district of Coesfeld.

Cet ancien castel d'eau était jadis la demeure des seigneurs de Kolven dont la lignée s'éteignit vers 1400. Les propriétaires et les locataires se succédèrent jusqu'à ce que l'édifice tombe quasiment en ruine. Ce n'est qu'au milieu du 20e siècle qu'on prit conscience de la valeur architecturale du château de Kolven et qu'on le restaura. Il accueille aujourd'hui le centre culturel du district de Coesfeld.

Die Baumberge waren bereits früher beliebtes Ziel wanderfreudiger Männergesellschaft. An ihrer höchsten Stelle, dem Westerberg, erreicht die Hügelkette immerhin 186 Meter. Den Heimatfreunden vom Baumberge-Verein ist es zu verdanken, dass an dieser Stelle 1897 ein Aussichtsturm entstand. Oben angekommen, wird man bei guter Sicht mit einem einzigartigen Panorama vom Teutoburger Wald bis zu den Toren des Ruhrgebietes belohnt.

Even at an early date the Baumberge were a popular place for groups of men with a passion for travel. At their highest point, Westerberg, the chain of hills reaches an elevation of 186 meters. It is thanks to the local supporters in the Baumberge Society that an observation tower was built at this site in 1897. At the top you are rewarded on a clear day with a unique panoramic view of Teutoburger Forest up to the outskirts of the Ruhr area.

Les associations masculines aimant faire des randonnées venaient déjà volontiers autrefois dans les Baumberge. Avec le Westerberg, son point le plus élevé, cette chaîne de collines atteint une hauteur de 186 mètres. On doit à l'association de Baumberge et à ses amis du patrimoine d'avoir fait élever une tour panoramique à cet endroit en 1897. Lorsqu'on arrive en haut on est bien récompensé. Par temps clair, une vue incomparable s'étend de la forêt de Teutoburg aux portes de la région de la Ruhr.

Wahrhaftig sein blaues Wunder erlebt der Besucher in Nottuln, der Hochburg der Blaudrucker. In der Druckerei Kentrup kann man zusehen, wie mit viel handwerklichem Geschick und Fantasie zauberhafte Textilien entstehen. Natürlich gehören Pferde auch hier zu den beliebtesten Motiven. Die Stiftsschänke gleich hinter der Kirche setzt mit typischen Gardinen und Tischdecken aus heimischer Produktion diesem Handwerk ein lebendiges Denkmal.

In Nottuln, a center of blue printing, visitors literally experience something out of the blue. In the Kentrup printing shop you can watch how enchanting textiles are created with a great deal of craftsmanship and imagination. Horses are, of course, among the most popular motifs. The inn right behind the church provides a living memorial to this craft with typical curtains and tablecloths from local production.

Le visiteur est témoin de «miracles bleus» à Nottuln, le haut lieu des impressions de couleur bleue. Dans l'atelier de Kentrup on peut observer avec quel savoir-faire artisanal et quelle imagination des étoffes de rêve sont fabriquées. Les chevaux, ici aussi, sont des motifs favoris. Le café situé juste derrière l'église, avec ses rideaux et ses nappes typiques de la fabrication locale, est une sorte de monument vivant à cet artisanat.

Sein besonderes Flair verdankt Nottuln seinem barocken Zentrum. Nach einem Großbrand, dem 1748 über 200 Häuser zum Opfer fielen, machte sich Johann Conrad Schlaun kurz darauf daran, den Ortskern rund um die Kirche wieder aufzubauen. Auch dieses Gebäude am malerischen Stiftsplatz trägt seine Handschrift, eines von fünf erhaltenen Kurienhäusern des ehemaligen Damenstifts. Zwei von ihnen werden heute als Verwaltungsgebäude genutzt.

Nottuln owes its special flair to its baroque center. Shortly after a large-scale fire, to which over 200 houses fell victim in 1748, Johann Conrad Schlaun set about rebuilding the town core around the church. This building at picturesque Stiftsplatz also bears his signature, one of five intact curia houses of the former home for elderly ladies of nobility. Two of them are used as administration buildings today.

Nottuln doit son charme particulier à son centre baroque. Après un incendie qui ravagea en 1748 plus de 200 maisons, Johann Conrad Schlaun entreprit de reconstruire le centre de la localité autour de l'église. On lui doit également cet édifice de la pittoresque Stiftsplatz, l'un des cinq bâtiments de l'ancien hospice de dames. Deux d'entre eux abritent à présent des administrations.

Lichtdurchflutet ist das Schiff der Pfarrkirche St. Martin (oben). Auch das Wahrzeichen Nottulns blieb vom großen Brand im 18. Jahrhundert nicht ganz verschont. Schlaun gab der spätgotischen Hallenkirche aus dem Jahr 1489 schließlich ein neues Dach und ihrem Turm eine barocke Haube.

Über den Nachbarort Coesfeld wacht der barocke Turm der St. Lamberti-Kirche (rechts). Der ehemals romanische Bau wurde zu einer gotischen Hallenkirche erweitert und ist ein

The nave of the St. Martin parish church (above) is bathed in light. Even Nottuln's landmark was not completely spared the devastation of the great fire in the 18th century. Schlaun finally gave the late Gothic church dating from 1489 a new roof and its tower a baroque top.

The baroque tower of the St. Lamberti Church (right) watches over the neighboring town of Coesfeld. The former Romanesque edifice was expanded into a Gothic church and is a major place of pilgrimage. Saint

La nef de l'église paroissiale St. Martin (ci-dessus) est baignée de lumière. Cet édifice identitaire de Nottuln, une église-halle datant de 1489, ne fut pas tout à fait épargné par le grand incendie du 18e siècle. Schlaun la dota d' un nouveau toit et son clocher fut couronné d'un nouveau sommet baroque.

Le clocher baroque de St.Lamberti (à droite) veille sur la localité voisine de Coesfeld. Cette ancienne église romane fut transformée en église-halle gothique et c'est un lieu de

bedeutendes Wallfahrtsziel. Hier soll der Heilige Luidger 809 am Vorabend seines Todes gepredigt haben. Coesfeld hat im Zweiten Weltkrieg schwere Schäden erlitten, doch der mittelalterliche Grundriss der Innenstadt blieb erhalten. „Überlebt" haben auch diese Bürgerhäuser (oben) nahe dem Walkenbrücker Tor (rechts). Der dreigeschossige Turm stammt aus dem 14. Jahrhundert und gehörte zur ehemaligen Stadtbefestigung. Heute wird er für Ausstellungen genutzt. Im Anbau erfährt man alles über die 800jährige Geschichte Coesfelds, denn dort ist das Stadtmuseum zu Hause.

Luidger is supposed to have given a sermon here on the eve of his death in 809. Coesfeld suffered severe damage during the Second World War, but the medieval ground plan of the center remained intact. These town houses (above) near Walkenbrücker Tor (right) also "survived". The three-story tower dates from the 14th century and was part of the former town fortifications. Today it is used for exhibitions. In the annex you can find out everything about Coesfeld's 800-year history, for that is the home of the municipal museum.

pélerinage important. Saint Luidger y aurait prêché en 809, la veille de sa mort. Coesfeld a subi de graves dommages pendant la Deuxième Guerre Mondiale, pourtant le plan médiéval du centre-ville a été conservé. Ces maisons bourgeoises (ci-dessus), situées près de la porte Walkenbrücker (à droite) ont «survécu» elles aussi. La tour de trois étages date du 14e siècle et faisait jadis partie des remparts de la ville. Elle accueille à présent des expositions. Dans l'annexe on apprend tout sur l'histoire de Coesfeld vieille de 800 ans. Le musée municipal, en effet, y a été aménagé.

Im 17. Jahrhundert übernahmen die Fürsten zu Salm die Burg Anholt, damals immerhin schon gut 500 Jahre alt. Sie ließen ihre Residenz im Stil des niederländischen Barock umbauen. Im 19. Jahrhundert erhielt auch der Park einen neuen Schliff – und wandelte sich zum englischen Landschaftsgarten. Die Liebe Fürst Leopolds zum Vierwaldstättersee bereicherte Schloss Anholt Anfang des 20. Jahrhunderts um das Kuriosum der „Anholter Schweiz". Ein See mit künstlich aufgetürmten Felsen, eine

In the 17th century the princes zu Salm took over Anholt Castle, at that time it was already over 500 years old. They had their residence rebuilt in Dutch baroque style. In the 19th century the park was also given a new polish – and transformed into a English landscape garden. Prince Leopold's love for Vierwaldstättersee led to the addition of a curious feature to Anholt Castle at the beginning of the 20th century: "Anholter Schweiz", a lake with artificially formed cliffs,

Les princes de Salm prirent possession du château d'Anholt au 17e siècle. A cette époque il avait déjà bien 500 ans. Ils remanièrent leur résidence dans le style baroque néerlandais. Le parc, quant à lui, fut transformé au 19e siècle au goût du jour et devint un jardin paysager à l'anglaise. On doit à l'engouement du prince pour le lac de Vierwaldstättersee la bizarre «Suisse d'Anholt»: un lac avec des falaises artificielles, un chalet de montagne en bois, cornes de cerfs

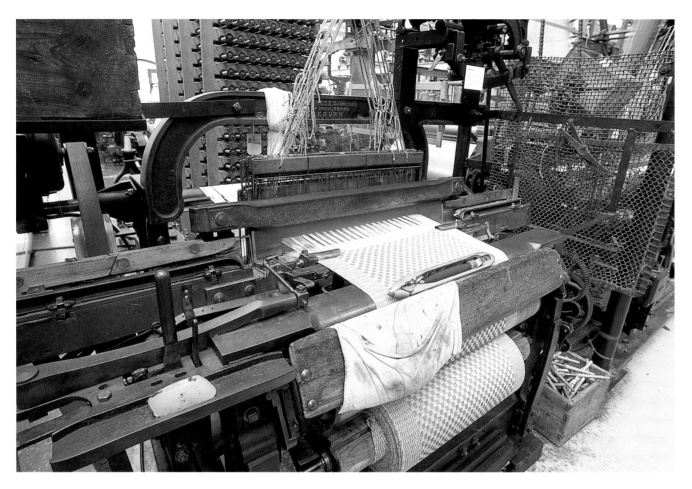

hölzerne Berghütte samt Hirschge-
weihen gaukeln bis heute Alpenwelt
vor. Im Schloss selbst präsentiert ein
Museum die herrschaftlichen Schätze,
von denen die Gemäldesammlung
besondere Erwähnung verdient.
Nach schweren Zerstörungen im
Zweiten Weltkrieg gelang in Bocholt
ein beispielloser Wiederaufbau. 1993
erhielt die Stadt dafür den Europa-
preis. Zum eindruckvollsten Beispiel
wurde die Rekonstruktion des Rat-
hauses, das 1621 im prunkvollen Stil
der Renaissance entstand. Auch
Bocholt war früh eine Hochburg der
Weber. Wie lang und mühsam einst
der Weg vom Faden zum Stoff war,
führt das Westfälische Textilmuseum
vor.

a wooden mountain cabin including
antlers create the impression of an
alpine world even today. In the castle
itself a museum present the grand
treasures, of which the painting
collection deserves special mention.
After severe destruction during the
Second World War Bocholt under-
went exemplary reconstruction. In
1993 the city received the Europe
Prize for this achievement. The most
impressive example was the reconstruction of the Town Hall, which
was built in magnificent Renaissance
style in 1621. Bocholt, too, was a
stronghold of the weavers at an
early date. The Westphalian Textile
Museum demonstrates how long and
strenuous the process once was
from thread to fabric.

comprises, évoquent le monde alpin.
Un musée aménagé dans le château
présente les trésors des maîtres des
lieux, parmi eux une galerie de
peintures mérite une mention particulière.
Bocholt a subi de graves dommages
pendant la Deuxième Guerre Mondiale mais sa reconstruction est
exemplaire. Ceci lui valut en 1993 le
prix d'Europe. L'hôtel de ville, érigé
en 1621 dans le style somptueux
de la Renaissance de la Weser, est
l'exemple le plus impressionnant de
cette reconstruction. Bocholt a été
aussi très tôt un haut lieu du tissage.
Le musée des Textiles de Westphalie
montre combien le chemin du fil à
l'étoffe était long et laborieux.

Im 13. Jahrhundert werden erstmals die Ritter von Rhede genannt. Im Schutz ihrer Burg entstand eine Siedlung mit Pfarrkirche. Nach Zerstörung der Burg entstand am heutigen Standort ein stattliches Herrenhaus, das im Laufe der Zeit sein jetziges Aussehen erhielt. Das Renaissance-Wasserschloss befindet

The knights of Rhede were first mentioned in the 13th century. A settlement with a parish church was established under the protection of their castle. After the destruction of the castle a stately manor house was built at the present-day site and received its present appearance in the course of time. The Renaissance

Les chevaliers de Rhede sont mentionnés pour la première fois au 13e siècle. Une colonie de peuplement avec une église se développa sous la protection de leur forteresse. Celle-ci fut démantelée et une demeure seigneuriale dont l'aspect fut modifé au cours des siècles, fut construite à l'emplacement actuel. Ce castel

sich heute im Besitz der Fürsten-
familie Salm-Salm. Rhede lebte vor-
wiegend von der Landwirtschaft, bis
Ende des 19. Jahrhunderts im Zuge
der Industrialisierung etliche Textil-
betriebe für den wirtschaftlichen
Aufschwung sorgten. Aus dieser Zeit
stammt auch die neugotische Pfarrkirche St. Gundula.

castle surrounded by water is now
in the possession of the Salm-Salm
royal family. Rhede primarily lived
from agriculture until numerous
textile enterprises provided for an
economic upswing in the course of
industrialization up to the end of the
19th century. The neo-Gothic parish
church of St. Gundula dates from
this period.

d'eau de style Renaissance appartient
aujourd'hui à la famille princière de
Salm-Salm. Rhede vivait surtout
d'agriculture jusqu'à la fin du 19e
siècle. L'industrialisation de nombreuses filatures provoquèrent un
essor économique. L'église paroissiale
néo-gothique St. Gundula date de
cette époque.

Borken mit seiner fast 800jährigen Geschichte bietet zahlreiche Sehenswürdigkeiten, vor allem im kunsthistorischen Bereich. Zum Beispiel die Wasserburg im Stadtteil Gemen, eines der schönsten Exemplare im Münsterland. Die Schlossanlage aus dem 13. Jahrhundert dient heute als Jugendbildungsstätte des Bistums Münster. Blickfang auf dem Burghof ist St. Marien, die 1719 als Klosterkirche erbaut wurde und 1756 ihre barocke Giebelfront erhielt.

Borken with its nearly 800-year-old history offers a number of sights, above all in terms of art history. The castle surrounded by water in the city district of Gemen is one of the loveliest examples in Münsterland. The castle complex dating from the 13th century serves as a youth training center for the diocese of Münster today. St. Marien Church, which was built as a monastery church in 1719 and was given its baroque gable front in 1756, is an eye-catcher in the castle courtyard.

Borken, vieille de près de 800 ans, possède de nombreuses curiosités surtout dans le domaine de l'histoire de l'art. Le castel d'eau du quartier de Gemen, par exemple, est l'un des plus beaux du pays de Münster. Ce complexe du 13e siècle est aujourd'hui un centre de formation de jeunes dépendant de l'évêché de Münster. Dans la cour du château l'église St. Marien captive le regard. Elle fut construite en 1719 et était alors l'église d'un couvent. Son frontispice baroque fut ajouté en 1756.

Schon von weitem leuchtet der eigen-
willige Turmhelm des Wasserschlosses
in Raesfeld. Eine Vorläuferburg be-
stand schon im 12. Jahrhundert. Erst
der spätere Besitzer Reichsgraf Alexander II. von Velen gab der Anlage
Mitte des 17. Jahrhunderts ihr jetziges
Gesicht. Da der Bauherr ein leiden-
schaftlicher Sterngucker war, richtete
er im Turm der Vorburg ein Observato-
rium ein. Inzwischen wird hinter den
historischen Fassaden gehämmert,
gehobelt und gebüffelt: Um die Aus-
und Weiterbildung junger Spezialisten
kümmern sich in der Hauptburg die
„Akademie des Handwerks", in der
Vorburg das „Europäische Zentrum
für handwerkliche Denkmalpflege".

The unconventional tower helm roof
of the castle surrounded by water in
Raesfeld. Its predecessor was a castle
built back in the 12th century. It was
a later owner, Count Alexander II von
Velen, who gave the complex its present
appearance in the mid-17th century.
And since the owner was a passionate
stargazer, he set up an observatory in
the tower of the gatehouse of the castle.
Now hammering, planing and study-
ing are the main activities behind the
historical facades. Initial and further
training for young specialists is provided at the "Academy of the Crafts" in
the main section of the castle and at
the "European Crafts Center for the
Preservation of Historical Monuments"
in the gatehouse section.

La toiture fort originale de la tour du
castel d'eau de Raesfeld est visible de
loin. Une forteresse existait déjà à cet
endroit au 12e siècle. C'est le comte
Alexander II von Velen qui donna à ce
château son apparance actuelle, au
milieu du 17e siècle. Le propriétaire
des lieux étant un passionné d'astro-
nomie, il installa un observatoire dans
la tour de l'avant-corps du château.
Maintenant, derrière ces façades
historiques on martèle, on rabote, on
bûche: dans le corps central «l'Acadé-
mie des Artisans» forme de jeunes
spécialistes tandis que l'avant-corps
accueille le «Centre Européen pour
l'Entretien artisanal des Monuments».

Kornfelder, Weiden, und immer wieder leuchtende Teppiche von Raps: Die Landwirtschaft bestimmt seit Jahrhunderten das Bild im Münsterland. Ein beredtes Zeugnis ist die alte Turmwindmühle in Reken, eine der ältesten ihrer Art in Westfalen. Sie wurde zwischen 1775 und 1807 gebaut. Ein teures Prachtstück, denn die Baukosten entsprachen damals denen für einen mittleren Bauernhof. Ihre Flügel drehten sich noch bis 1945; nun dient sie als Heimatmuseum.

Fields of grain, willows and again and again bright carpets of rape: agriculture has shaped the face of Münsterland for centuries. The old tower windmill in Reken, one of the oldest of its kind in Westphalia, bears eloquent witness to this. It was built between 1775 and 1807. An expensive prime specimen since the building costs corresponded to those for a medium-sized farm at that time. Its vanes kept turning up to 1945; now it serves as a museum of local history.

Des champs de blé, des prairies et toujours les tapis lumineux des champs de colza: l'agriculture, depuis des siècles caractérise la physionomie du Pays de Münster. Le moulin de Reken est l'un des plus vieux de ce style en Westphalie. Il a été construit entre 1775 et 1807. C'est un exemplaire magnifique et coûteux: le coût de la construction d'un tel moulin équivalait à l'époque à celle d'une ferme de taille moyenne. Ses ailes tournaient encore en 1945. Il abrite à présent un musée régional.

Der Naturpark Hohe Mark gilt als grüne Lunge des Ruhrgebiets. Hinter den Fassaden warten mitunter verwunschene Gärten darauf, entdeckt zu werden – wie etwa beim Haus Uphave von 1742. Die Uphaves mussten ursprünglich als so genannte Heuerlinge drei Tage im Monat Handdienste für den Haupthof Schulze-Holthausen leisten – als Pacht für Äcker und Wiesen. Später machten sich die Kleinbauern selbständig. Nach liebevoller Restaurierung dient ihr Kötterhaus seit 1988 als Begegnungsstätte.

Hohe Mark national park is considered to be the lungs of the Ruhr area. Even behind the facades there are now and again enchanted gardens waiting to be discovered – such as at Haus Uphave from 1742. The Uphaves originally had to perform manual services for the main estate Schulze-Holthausen for three days a month as so-called hirelings – as rent for fields and pastures. Later the small farmers became self-employed. After loving restoration their so-called Kötterhaus has served as a meeting place since 1988.

La réserve naturelle de Hohe Mark est le poumon vert de l a région de la Ruhr. Même derrière les façades des jardins enchantés attendent les visiteurs – comme, par exemple, à la maison Uphave de 1742. Les Uphaves étaient à l'origine «corvéables» et devaient travailler trois jours par mois pour la ferme de Schulze-Holthausen – en échange de la location de champs et de prairies. Plus tard les petits fermiers s'affranchirent. Leur chaumine restaurée est devenue un lieu de rencontres en 1988.

Mitten in einem großen Hausteich erhebt sich Schloss Lembeck aus dem 17. Jahrhundert. Äußerlich ist es von überraschender Schlichtheit. Einziger Schmuck am Herrenhaus ist das Portal mit Muttergottesstatue und von Löwen gehaltenen Wappen. Um so überraschender das gediegene Innenleben: Der Große Saal mit kostbaren Holzvertäfelungen und Stukkaturen trägt die Handschrift Johann Conrad Schlauns. Ein Streifzug durch den herrlichen Garten, den Putten, Obelisken und Allegorien zieren, ist besonders im Sommer ein Genuss.

Schloss Lembeck from the 17th century rises up in the middle of a large pond. From the outside it is surprisingly plain. The only ornamentation on the manor house is the portal with a statue of the Madonna and a coat-of-arms held by lions. The elegant interior is all the more surprising. The Large Room with valuable wooden paneling and stuccoes bears the signature of Johann Conrad Schlaun. A walk through the marvelous garden with cherubs, obelisks and allegories is a pleasure, particularly in summer.

Le château de Lembeck du 17e siècle se dresse au milieu d'un grand étang. L'éxtérieur est d'une simplicité étonnante. Le seul ornement est un portail avec une statue de la Vierge et un blason tenu par des lions. L'élégance de l'intérieur en est d'autant plus surprenante: la grande salle ornée de lambris et de stucs porte la signature de Johann Conrad Schlaun. Une promenade dans le jardin enjolivé d'angelots, d'obélisques et d'allégories est un délice.

Das „Revier" im Blick

Auch Natursandstrand gibt's im Münsterland. Haltern ist wegen seines großen Stausees, der 1930 entstand, und der waldreichen Umgebung eines der beliebtesten Ausflug- und Urlaubsziele der Region. See und Strand bilden gleichzeitig einen wichtigen Wirtschaftsfaktor: Der See versorgt mehr als eine Million Menschen im Münsterland und Ruhrgebiet mit Trinkwasser. Und der Haltener Quarzsand dient der Herstellung von Ummantelungsstoffen für Mikro-Chips.

There is also a natural sand beach in Münsterland. Because of its large reservoir, created in 1930, and the wooded surroundings, Haltern is one of the most popular places for excursions and vacations in the region. The lake and beach are at the same time a major economic factor: the lake supplies drinking water to over a million people in Münsterland and the Ruhr area. And Haltern's silica sand is used for the production of casing material for microchips.

Ily a aussi des plages dans le Pays de Münster. Haltern avec son grand lac de barrage créé en 1930 et ses environs boisés est particulièrement apprécié comme lieu d'excursion et de vacances. Le lac et la plage constituent aussi un important facteur économique. Le lac procure de l'eau potable à plus d'un million de personnes dans le Pays de Münster et la région de la Ruhr. Le sable d'Haltern est utilisé dans la fabrication de produits de revêtement pour les micro-chips.

Den Mittelpunkt der Stadt mit rund 36000 Einwohnern bildet der historische Marktplatz mit dem Rathaus aus dem 16. Jahrhundert, das nach beträchtlichen Kriegsschäden 1952 in vereinfachter Form wieder aufgebaut wurde. Im Römisch-Germanischen Museum lebt ein noch früheres Kapitel der Stadtgeschichte auf. In der Zeit zwischen 11 vor und 16 nach Christus unterhielten die Römer auf dem nördlichen Ufer der Lippe ein großes Militärlager.

Historical Marktplatz with the 16th century Town Hall, which was rebuilt in simplified form in 1952 after severe wartime damage, forms the center of the city having a population of around 36,000. An even earlier chapter of the town's history comes to life again in the Roman-Germanic Museum. In the period between 11 BC and 16 AD the Romans maintained a large military camp on the northern bank of the River Lippe.

La vieille place du Marché avec l'hôtel de ville constitue le coeur de cette ville qui compte près de 36000 habitants. L'hôtel de ville du 16e siècle subit de graves dommages pendant la guerre et fut reconstruit en 1952 sous une forme simplifiée. Dans le musée Romain-Germanique revit l'un des chapitres les plus anciens de l'histoire de la ville. Entre 11 av. J.-C. et 16 apr. J.-C. les Romains avaient installé un grand camp militaire sur la rive nord de la Lippe.

Mitten durchs Münsterland führt eine der wichtigsten Binnenschifffahrts-routen Deutschlands, der Dortmund-Ems-Kanal. Er wurde 1899 nach siebenjähriger Bauzeit eröffnet und verbindet das Ruhrgebiet mit der Nordseeküste. Wer Lust hat, kann seinen Weg per Fahrrad verfolgen, denn vom Dortmunder Hauptbahn-hof bis zum Schiffanleger in Nord-

One of the most important inland waterway routes in Germany, the Dortmund-Ems Canal, runs through the middle of Münsterland. It was opened after seven years of con-struction in 1899 and links the Ruhr area to the North Sea coast. Those who want to can follow its path by bicycle – a roughly 340-kilometer bike path runs from Dortmund's

L'une des routes de navigation inté-rieure les plus importantes d'Alle-magne, le canal de Dortmund-Ems, passe en plein milieu du Pays de Münster. Il fut inauguré en 1899 après sept années de travaux et réunit la Ruhr à la mer du Nord. On peut le longer à bicyclette. Une piste cyclable de 340 kilomètres mène de la gare de Dortmund à l'embarcadère

deich führt ein rund 340 Kilometer langer Radwanderweg. Der Kanal ist zwischen 40 und 80 Meter breit, gilt daher auch als attraktives Rudergewässer und wird als Revier für Motorboote immer beliebter. Zudem finden Angler hier ein kleines Paradies. Mit etwas Geduld beißen Barsche und Zander, Aale oder Schleie an.

main station to the landing stage in Norddeich. The canal is between 40 and 80 meters wide, is therefore considered an attractive waterway for canoeing, and is becoming more and more popular among motorboat enthusiasts. In addition, anglers find a small paradise here. With a little patience perch and pikeperch, eels or tench can be enticed to bite.

de Norddeich. La largeur de ce canal varie de 40 à 80 mètres. Il est idéal pour faire du canot et les bateaux à moteur y viennent en nombre croissant. De plus, c'est un petit paradis pour les pêcheurs. Avec un peu de patience on attrapera des perches, des sandres, des anguilles ou des tanches.

Für Pferdeliebhaber hält der Merfelder Bruch bei Dülmen eine Rarität bereit. Inmitten einer fast unberührten Landschaft mit Hochwald, Weiden, Moor und Heide leben rund 300 Wildpferde im letzten Gestüt dieser Art auf dem europäischen Festland. Das Reservat, in dem die Tiere das ganze Jahr über ohne Zufütterung im Freien verbringen, umfasst rund 350 Hektar. An jedem letzten Sonnabend im Mai zieht es tausende zum

Merfelder Bruch near Dülmen has a rarity for horse lovers. In the midst of nearly untouched landscape with timber forests, pastures, moor and heath around 300 wild horses live on the last stud farm of this kind on the European continent. The reserve, in which the animals spend the entire year outdoors without additional feeding, encompasses around 350 hectares. On the last Saturday in May every year thousands are attracted to

Les amis des chevaux trouveront à Merfelder Bruch, près de Dülmen, une attraction peu commune. Au coeur d'un paysage presque intact de hautes futaies, de prairies, de tourbières et de landes vivent près de 300 chevaux sauvages dans le dernier haras de ce genre en Europe continentale. Ce territoire réservé dans lequel les animaux vivent en plein air toute l'année sans fourrage additionnel, comprend près de 350 ha. Tous les ans, le dernier

traditionellen Wildpferdefang in die Arena der Herzöge von Croy, die vor mehr als 150 Jahren das Reservat begründeten. Dann werden die einjährigen Hengstfohlen eingefangen und versteigert. 1987 würdigte die Deutsche Bundespost die Wildpferde im Merfelder Bruch als lebendes Naturdenkmal mit einer Sonderbriefmarke.

Das Wasserschloss Senden blickt auf eine über 1100 Jahre alte und bewegte Geschichte zurück. Das ehemalige bischöfliche Lehen, das Mitte des 14. Jahrhunderts an die Herren von Senden überging, musste nach Bränden und Plünderungen mehrmals wieder aufgebaut werden. Das Herrenhaus stammt aus der zweiten Hälfte des 15. Jahrhunderts.

the traditional wild horse roundup in the arena of the dukes von Croy, who established the reserve over 150 years ago. The colt yearlings are then caught and auctioned off. In 1987 the German Post Office dedicated a special issue stamp to the wild horses in Merfelder Bruch as a living natural monument.

The castle surrounded by water in Senden looks back on an eventful history that began over 1100 years ago. The former episcopal fief, which became the property of the lords from Senden in the mid-14th century, had to be reconstructed several times after fires and plundering. The manor house dates from the second half of the 15th century.

samedi du mois de mai, des milliers de personnes viennent voir la capture traditionnelle des chevaux sauvages dans l'arène des ducs von Croy qui fondèrent cette réserve il y a plus de 150 ans. Les poulains mâles de un an sont alors capturés et vendus aux enchères. En 1987 la Poste Fédérale Allemande dédia un timbre spécial aux chevaux sauvages de Merfelder Bruch – en tant que monuments vivants. L'histoire de plus de 1100 ans du château de Senden a été très mouvementée. Ancien fief épiscopal, il devint possession des seigneurs de Senden au milieu du 14e siècle et dut être reconstruit plusieurs fois après incendies et pillages successifs. Le corps central date de la deuxième moitié du 15e siècle.

Direkt am Dortmund-Ems-Kanal hütet
das Schiffs- und Marinemuseum rund
2000 Schätze aus 5000 Jahren See-
fahrtsgeschichte. Zu den Exponaten
zählen Anker aus drei Jahrtausenden,
historische Schiffsinstrumente, Geräte
des Walfangs, Schiffsmodelle und
Buddelschiffe. Besonderer Blickfang
ist ein Modell der schwedischen
„Wasa".

The Ship and Naval Museum looks
after around 2000 treasures from
5000 years of shipping history right
on the Dortmund-Ems Canal. The
exhibits include anchors from three
millennia, historical marine instruments, whale-catching equipment,
model ships and ships in a bottle.
A special eye-catcher is a model of
the Swedish "Wasa".

Situé au bord même du canal de
dortmund-Ems le musée des Bateaux
et de la Marine veille sur près de
2000 trésors provenant de 5000 ans
d'histoire de la navigation. Parmi
les objets exposés se trouvent des
ancres de trois millénaires, des
instruments navals, des ustensiles de
pêche à la baleine, des modèles de
bateaux et des bateaux dans des
bouteilles. Le modèle du bateau
suédois "Wasa" est très remarqué.

Die Wurzeln Lüdinghausens reichen zurück bis in die Zeit Bischof Liudgers im 9. Jahrhundert. Die Herren von Lüdinghausen residierten schon im 12. Jahrhundert in einem wehrhaften Zuhause, das später vielfache Umgestaltung erfuhr (oben). Im Kapitelsaal der Burg tagt heute der Rat der Stadt. Zur Sicherung seiner landesherrlichen Rechte hatte sich der Bischof von Münster im 13. Jahrhundert ebenfalls zum Bau einer Burg entschlossen. Er übergab Burg Vischering als erbliches Lehen den Drosten von Wulfheim. Seitdem ist sie im Besitz der Familie Droste zu Vischering und beherbert inzwischen das Münsterlandmuseum.

Lüdinghausen's roots extend back to the time of Bishop Liudger in the 9th century. The lords from Lüdinghausen already had a fortified residence in the 12th century that was later redesigned several times (above). Today the town council meets in the so-called Kapitelsaal of the castle. To secure his sovereign rights, the bishop of Münster had also decided to construct a castle in the 13th century. He handed over Burg Vischering to the stewards of Wulfheim as a hereditary fief. Since then it has been in the possession of the Droste family in Vischering and now contains the Münsterland Museum.

L'origine de Lüdinghausen remonte à l'époque de l'évêque Liudger, au 9e siècle. Les seigneurs de Lüdinghausen résidaient déjà au 12e siècle dans un un château fort qui fut remanié plusieurs fois (ci-dessous). La salle du chapitre du château accueille à présent le conseil municipal. Au 13e siècle, afin d'assurer ses droits de souveraineté, l'évêque de Münster avait décidé, lui aussi, de construire un château fort. Il céda le château de Vischering, en tant que fief héréditaire, à la famille de Drosten zu Wulfheim. Depuis lors il appartient à la famille de Drosten zu Vischering et accueille à présent le musée du Pays de Münster.

Die malerische Lage des vormaligen Sitzes der Grafen von Cappenberg und späteren Prämonstratenser-Klosters hatte es auch Freiherr vom Stein angetan (oben). Der preußische Verwaltungsreformer erwarb das Areal bei Selm im Jahre 1819 und machte es zu seinem Altersruhesitz. Er war es auch, der den Park im englischen Stil umgestalten ließ. Die teils mächtigen Bäume verdienen besonderen Respekt, denn sie sind aus Samen gewachsen, die Alexander von Humboldt von seinen Forschungs-reisen nach Europa mitbrachte. Heute sind im Schloss das Museum für Kunst- und Kulturgeschichte der Stadt Dortmund sowie das Freiherr vom Stein-Archiv untergebracht. Auch ein Streifzug durch das rund 1000 Jahre alte Selm mit seinen hübschen Fachwerkhäusern und der Friedenskirche lohnt sich.

The picturesque location of the for-mer seat of the counts von Cappen-berg and of the later Premonstrant monastery also appealed to Freiherr vom Stein (above). The Prussian administrative reformer acquired the estate near Selm in 1819 and made it his retirement home. He was also responsible for redesigning the park in English style. The massive trees deserve special respect, for they grew out of seeds that Alexander von Humboldt brought back from his exploratory trips to Europe. Today the Museum of Art and Art History of the city of Dortmund and the Freiherr vom Stein Archives are housed in the castle. A walk through Selm with its roughly 1000-year-old history, lovely half-timbered houses and Peace Church is also well worthwhile.

La situation pittoresque de l'ancienne résidence des comtes de Cappenberg avait également séduit le baron vom Stein (ci-dessus). Ce réformateur de l'administration prussienne fit l'acqui-sition de ce domaine situé près de Selm en 1819 et en fit une maison de repos pour sa vieillesse. Il fit aussi transformer le parc dans le style des jardins à l'anglaise. Les arbres, par-fois très gros, méritent un respect particulier car ils proviennent de se-mences qu'Alexandre de Humboldt avait rapportées de ses voyages d'ex-ploration. A présent ce château ac-cueille le musée pour l'Art et l'Histoire de la Culture de la ville de Dortmund ainsi que les archives du baron vom Stein. La localité de Selm, vieille de près de 1000 ans, avec ses jolies maisons à colombages et son église de la Paix mérite, elle aussi, d'être visitée.

Auch ein Streifzug durch Werne, das besonders für seinen historischen Stadtkern bekannt ist, lohnt sich. Zu den Schmuckstücken gehören das Alte Rathaus aus dem 16. Jahrhundert, die wunderschöne Pfarrkirche St. Christophorus und die malerischen Fachwerkhäuser am Kirchplatz (Foto). Werne ist aber auch für sein Natursolebad bekannt. Einen Spaziergang entlang des Gradierwerks, das 1990 am Stadtpark errichtet wurde, sollte man sich nicht entgehen lassen: das maritime Klima wirkt vor allem bei Atemwegsbeschwerden äußerst heilsam.

A visit to Werne, which is known in particular for its historical town center, is also worthwhile. The gems include the Old Town Hall from the 16th century, the marvelous parish church St. Christophorus and the picturesque half-timbered houses at Kirchplatz (photo). However, Werne is also known for its natural salt water bath. You should not miss taking a walk along the graduation works, which were set up at Stadtpark in 1990: the maritime climate has an extremely curative effect especially on complaints of the respiratory tracts.

Werne est connu pour son centre historique et mérite une visite. Le vieil Hôtel de Ville du 16e siècle, la merveilleuse église paroissiale St. Christophorus et les pittoresques maisons à colombages de la place de l'Eglise (photo) sont de véritables bijoux architecturaux. Werne est aussi connu pour ses eaux salées naturelles. Il ne faut pas manquer de faire une promenade le long des installations de graduation construites en 1990 dans le parc municipal: l'air salin est particulièrement bénéfique pour les voies respiratoires.

Gleich mit 13 Bauten hat sich Barock-
architekt Johann Conrad Schlaun in
Nordkirchen verewigt. Sein Meister-
stück aber ist das Schloss im nieder-
ländisch-klassizistischen Stil, das 1734
vollendet wurde. Seine imposanten
Ausmaße und strenge Symmetrie
trugen ihm den Namen „Westfälisches
Versailles" ein. Das größte Wasserschloss Westfalens ist heute Sitz der
Fachhochschule für Finanzen des
Landes Nordrhein-Westfalen. Ein
Spaziergang durch den weitläufigen

Baroque architect Johann Conrad
Schlaun immortalized himself with 13
edifices in Nordkirchen. His masterpiece, however, is the castle in Dutch
classical style that was completed in
1734. Its imposing dimensions and
strict symmetry led to its designation
as the "Westphalian Versailles". The
largest castle surrounded by water
in Westphalia is now the site of the
College for Finances of the federal
state of North Rhine-Westphalia.
However, a walk through the expan-

L'architecte baroque Johann Conrad
Schlaun est devenu immortel en
construisant 13 édifices à Nordkirchen.
Son chef-d'oeuvre, cependant, est le
château de style classique néerlandais,
complété en 1734. Ses dimensions
imposantes et la symétrie rigoureuse
de l'ordonnance lui valurent le surnom
de «Versailles westphalien». Ce castel
d'eau, le plus grand de Westphalie,
abrite à présent l'Ecole Supérieure
de Finances du land de Nordrhin-
Westphalie. Le parc, quant à lui, est

Park ist jedoch jederzeit möglich. Die barocke Gartenarchitektur des Nordgartens wurde nach alten Plänen rekonstruiert.

Eher trutzig als repräsentativ wirkt Schloss Westerwinkel in der Gemeinde Ascheberg, das sich inmitten eines

sive park is always possible. The baroque garden architecture of Nordgarten was reconstructed according to old plans.

Schloss Westerwinkel, situated in the midst of an expansive English park in Ascheberg, appears more defiant

accessible au public en permanence. La conception baroque du jardin nord fut reconstituée d'après de vieux plans.

Le château de Westerwinkel dans la localité d'Ascheberg s'élève au milieu d'un vaste parc à l'anglaise. Son

ausgedehnten englischen Parks erhebt. Das kastellartige Hauptschloss mit seinen vier Paviliontürmen stammt von 1668. Neuerdings auch ein beschauliches Revier zum Putten, denn gleich nebenan lädt eine 18-Loch-Anlage zum Golfspielen ein.

than representative. The fortress-like main castle with its four pavilion towers dates from 1668. Nowadays it is also a contemplative spot for putting, right next door there is an inviting 18-hole golf course.

apparence est plus défensive que distinguée. Le corps central avec ses quatre tours ressemble à un bastion. Il date de 1668. Depuis peu un terrain de golf à dix-huit trous a été aménagé juste à côté, un lieu fort paisible pour manier le «putter».

Herrlich gelegen ist der frühere Stammstitz des Rittergeschlechts von Ascheberg, Haus Byink bei Davensberg. Es besteht aus dem Bauhaus, das 1558 als westfälisches Bauernhaus im Renaissance-Stil erbaut wurde, und aus einem imposanten zweigeschossigen Torhaus aus Ziegelmosaik. Haus Byink befindet sich in Privatbesitz und kann nicht besichtigt werden.

The former ancestral seat of the knights from Ascheberg, Haus Byink near Davensberg, has a marvelous location. It consists of the building that was constructed as a Westphalian farmhouse in Renaissance style in 1558 and an imposing two-story gatehouse of brick mosaic. Haus Byink is privately owned and cannot be viewed.

La situation de Haus Byink, près de Davensberg, l'ancienne résidence des chevaliers d'Ascheberg, est magnifique. Elle comprend le corps central, une ferme de Westphalie de 1558, de style Renaissance et l'imposant édifice du portail, de deux étages, décoré de mosaïques de brique. Haus Byink appartient, elle aussi, à des particuliers et ne peut être visitée.

Wenn schwere Regenwolken übers Land jagen, entwickelt die flache Landschaft – wie hier bei Drensteinfurt – einen ganz eigenen Reiz. Bis zum 14. Jahrhundert existierte an dieser Stelle zwischen dem nördlichen und südlichen Münsterland der einzige Übergang durch die Werse. Der Name der Stadt ist wahrscheinlich darauf zurück zu führen, dass man mit Steinen eine Furt durch den Fluss geschaffen hatte. Vier Wasserschlösser befinden sich innerhalb der Stadtgrenzen. Auf zwei von der Werse umspülten Inseln entstand das Haus Steinfurt, dessen Geschichte bis ins Jahr 1585 zurück reicht. Das klassizistische Herrenhaus (rechts) stammt von 1709.

When heavy rain clouds sail over the land, the flat countryside – such as here near Drensteinfurt – develops its own particular charm. The only crossing across the Werse up to the 14th century existed at this spot between northern and southern Münsterland. The name of the city is probably due to the fact that a ford was created across the river with stones. Four castles surrounded by water are located within the city limits. Haus Steinfurt, whose history extends back to 1585, was built on two of the islands around which the River Werse flows. The classical manor house (right) dates from 1709.

Lorsque de lourd nuages de pluie se pourchassent dans le ciel, le plat pays – comme ici près de Drensteinfurt – a un charme bien à lui. Jusqu'au 14e siècle c'était le seul endroit où l'on pouvait traverser la Werse et passer du nord au sud du pays de Münster. Le nom de la ville vient probablement du fait qu'on avait fait un gué avec des pierres à travers la rivière. Quatre castels d'eau sont situés à l'intérieur des limites de la ville. Haus Steinfurt est construite sur deux îles de la Werse. Son histoire remonte à 1585. Le corps central de la gentilhommière, de style classique, (à droite) date de 1709.

Getreide war von jeher das Gold des Münsterlandes. Mitten in den Feldern erhebt sich in Drensteinfurt-Rinkerode das von Wasser umringte Haus Borg, erbaut im 15. Jahrhundert und seitdem in Privatbesitz. Die Weiterverarbeitung des Getreides auf eigenem Boden war damals selbstverständlich. In der alten Wassermühle (unten) wurde es zu Mehl gemalen.

Grain was always the gold of Münsterland. In the midst of fields in Drensteinfurt-Rinkerode stands Haus Borg, surrounded by water, built in the 15th century and in private hands since then. Further processing of the grain on one's own land was taken for granted at that time. It was ground into flour in the old water mill (below).

La culture des céréales a toujours été l'or du Pays de Münster. Entourée d'eau, Haus Borg s'élève au milieu des champs à Drensteinfurt-Rinkerode. Elle fut construite au 15e siècle et appartient à des particuliers. Le traitement du grain sur place allait de soi à cette époque. Il était moulu dans le vieux moulin à eau (ci-dessous).

In Ahlen lebt man schon am Puls des Ruhrgebietes. Vor mehr als 100 Jahren wandelte sich die Ackerbürger- gemeinde zu einer Industriestadt, in der Bergbau und Metallverarbeitung den Ton angaben. Um so idyllischer wirkt der Marktplatz, um den sich viele prachtvolle Zeitzeugen der Geschichte scharen. Auch am Brauch- tum hält man hier fest. Wer männlich und bei Vollendung des 30. Lebens- jahres noch unverheiratet ist, muss den Markt kehren. Sehenswert ist die Pfarrkirche St. Bartholomäus, eine der ältesten Taufkirchen des Münster- landes. St. Marien (links) gilt als „Neue Kirche", den sie wurde erst 400 Jahre später um 1285 gegründet. Ihre neugotische Halle stammt vom Beginn es 20. Jahrhunderts.

In Ahlen people live with the pulse of the Ruhr area. Over a hundred years ago the community of rural workers transformed into an industrial city, in which the focus was on mining and metal processing. All the more idyllic is the impression made by Marktplatz, around which numerous historical witnesses are grouped. And one adheres to traditions here. Male resi- dents who reach the age of 30 and are still unmarried have to sweep the marketplace. St. Bartholomäus parish church, one of the oldest baptismal churches in Münsterland, is well worth seeing. St. Marien (left) is considered to be the "New Church" because it was established 400 years later around 1285. Its neo-Gothic hall dates from the beginning of the 20th century.

A Ahlen on sent déjà battre le pouls de la Ruhr. Cette commune d'agricul- teurs se transforma, il y a plus de 100 ans, en une ville industrielle dans laquelle l'extraction et le traite- ment du métal jouaient déjà un rôle très important. La place du Marché sur laquelle se pressent nombre de magnifiques témoins du passé n'en est que plus idyllique. Les habitants tiennent aussi aux vieilles coutumes: tout homme qui complète sa trentième année et n'est pas encore marié doit balayer la place du Marché. L'église paroissiale St. Bartolomäus, l'une des plus vieilles églises baptismales du Pays de Münster, est remarquable. St. Marien (à gauche), construite 400 ans plus tard, vers 1285, est considérée comme une «Nouvelle Eglise». L'intérieur néogothique date du début du 20e siècle.

Nordöstlich von Ahlen erhebt sich malerisch auf zwei Inseln Haus Vorhelm, seit 1715 im Besitz der Familie Droste-Vischering. Nach Voranmeldung läßt sich zumindest die Außenanlage näher in Augenschein nehmen. Interessant ist dabei im ehemals barocken Garten eine steinerne Sonnenuhr von 1747 sowie eine Fachwerkmühle aus dem frühen 18. Jahrhundert.

Haus Vorhelm, since 1715 in the possession of the Droste-Vischering family, stands picturesquely on two islands northeast of Ahlen. By prior arrangement it is at least possible to take a closer look at the outdoor grounds. A stone sundial from 1747 as well as a half-timbered mill from the early 18th century are interesting sights in the former baroque garden.

Haus Vorhelm se trouve au nord-est d'Ahlen. Sa situation sur deux îles est fort pittoresque. Depuis 1715 elle appartient à la famille de Droste-Vischering. Avec préavis on peut voir d'un peu plus près l'extérieur du complexe. Dans l'ancien jardin baroque se trouve un cadran solaire de pierre de 1747 et un moulin à colombages du début du 18e siècle.

Wer durch die beschaulichen Winkel Beckums streift, ahnt kaum, dass die Stadt im 15. Jahrhundert geschäftiges und reiches Mitglied der Hanse war. Kaum dass ihr 1224 Stadtrechte verliehen worden waren, sicherte man sie durch eine mächtige Mauer mit 22 Türmen samt doppelter Wallanlage. Mittelpunkt der Altstadt ist bis heute der Marktplatz mit dem Rathaus von 1441 (Foto). Heute dient es als Stadtmuseum.

If you walk through the tranquil nooks and crannies of Beckum, you can hardly imagine that the city was a bustling and rich member of the Hanseatic League in the 15th century. It was scarcely conferred the town charter in 1224 when residents set about fortifying it with a mighty wall with 22 towers including double ramparts. Even today the center of the Old Town is Marktplatz with the Town Hall dating from 1441 (photo). Now it serves as the Municipal Museum.

Qui se promène dans les ruelles tortueuses et paisibles de Beckum ne se doute guère qu'au 15e siècle cette ville était un membre affairé et riche de la Hanse. A peine les droits de ville lui furent-ils accordés en 1224 qu'elle se protégea d'un puissant rempart avec 22 tours et un double remblai. Le coeur du vieux centre historique est la place du marché avec l'hôtel de ville de 1441 (photo). Ce dernier sert aujourd'hui de musée municipal.

Beckum entstand nicht nur am Kreu-
zungspunkt wichtiger Handelswege,
sondern auch in einer Senke der
Beckumer Berge, die mehrere Quellen
speiste. Diesem Umstand verdankt es
seinen Namen: „Bikehem" – das
Heim an den Bächen. Daran erinnert
noch heute das Stadtwappen, in dem
drei Wasserläufe verewigt sind.

Beckum was not only built at the
intersection of major trade routes,
but also in a valley of the Beckumer
Berge, mountains that fed several
springs. It owes its name to this
circumstance: "Bikehem", home on
the brooks. This fact is recalled by
the coat-of-arms, in which three
watercourses are immortalized.

Beckum ne se trouve pas seulement
au croisement d'importantes voies
commerciales. Sa situation dans une
dépression des monts de Beckum
font qu'on y trouve plusieurs sources.
Ceci lui valut le nom de «Bikehem» –
foyer au bord des ruiseaux. Le blason
de la ville dans lequel se trouvent
trois cours d'eau nous rappelle ces
circonstances.

Schloss Hovestadt war einst eine strategisch wichtige Landesburg der Kölner Erzbischöfe. Im 16. Jahrhundert verlieh Laurenz von Brachum dem Anwesen sein heutiges Gesicht. Die Fassade zur Wasserseite ist mit einem Ziegelmuster von Kreisen, Rauten, Vierecke, Bänder und Löwenköpfe überzogen. Seit 1733 ist das Schloss im Besitz der Grafen von Plattenberg-Lenhausen.

Schloss Hovestadt was once a strategically important rural castle belonging to the archbishops of Cologne. In the 16th century Laurenz von Brachum gave the estate its present appearance. The facade on the water side is ornamented with a brick pattern of circles, rhomboid figures, rectangles, bands and lion's heads. The castle has been in the possession of the counts von Plattenberg-Lenhausen since 1733.

Le château d'Hovestadt, jadis forteresse de l'archevêque de Cologne, avait une grande importance stratégique. Au 16e siècle Laurenz von Brachum donna à cet édifice son apparence actuelle. La façade qui surplombe l'eau est ornée de motifs de brique représentant des cercles, des losanges, des carrés, des rubans et des têtes de lions. Ce château appartient depuis 1733 aux comtes de Plattenberg-Lenhausen.

Der Höxberg südlich von Beckum stellt den höchsten Punkt der Beckumer Berge dar – geradezu ideal für einen Aussichtsturm, erkannte man schon im Mittelalter. Die alte „Soestwarte" bietet noch heute einen weiten Blick ins Land. Das Naherholungsgebiet lockt außerdem mit einem Wildgehege, einer Fasanerie und einer alten Windmühle.

Höxberg, south of Beckum, represents the highest point of the Beckumer Berge – an absolutely ideal spot for an observation tower, as one already realized in the Middle Ages. The old "Soestwarte" still offers an expansive view over the region. The nearby recreational area also attracts visitors with animal enclosures, a pheasant house and an old windmill.

Le Höxberg, au sud de Beckum, est le plus élevé des monts de Beckum. C'est un endroit idéal pour une tour panoramique comme on l'avait déjà remarqué au Moyen Age. De la vieille «Soestwarte» la vue s'etend, au loin, sur la campagne. Cette région idéale pour la détente possède aussi un enclos pour les bêtes sauvages, une fasanerie et un vieux moulin à vent.

Klöster, Pferde und Ballons

Fachwerkhöfe, Felder, Kühe – das Münsterland ist wie geschaffen für Urlaub auf dem Bauernhof. Eines der schönsten Vergnügen: die Landschaft gemütlich im Planwagen an sich vorüber ziehen zu lassen. In der Gemeinde Everswinkel finden Besucher nicht nur viele Motive fürs Fotoalbum, sondern auch Badespaß vom Feinsten: Im Vitus-Bad mit seinen Wasserfällen und Fontänen, Höhlen und Rutschen kann man draußen wie drinnen entspannen.

Half-timbered farmhouses, fields, cows – Münsterland is ideal for vacations on a farm. One of the most enjoyable experiences is to watch the countryside leisurely pass by in a covered wagon. In the community of Everswinkel visitors not only find many motifs for their photo album, but also swimming enjoyment at its finest: at Vitus-Bad with its waterfalls and fountains, caves and slides you can relax both outside and inside.

Des fermes à colombages, des champs, des vaches – le Pays de Münster est idéal pour les vacances à la ferme. L'un des plus grands plaisirs: s'asseoir dans une voiture à bâche et laisser le paysage glisser derrière soi. Dans la commune d'Everswinkel les visiteurs ne trouvent pas seulement beaucoup de motifs pour l'album de photos mais aussi tout ce qu'il y a de mieux pour la baignade: à la piscine Vitus-Bad avec ses chutes d'eau. ses fontaines, ses grottes et ses glissoires on peut se détendre à l'extérieur comme à l'intérieur.

Die Geschichte der Gemeinde Wadersloh begann in der ersten Hälfte des
9. Jahrhunderts mit der Gründung
des Frauenklosters Liesborn, das
1131 in eine Benediktinerabtei um-
gewandelt wurde. Die ehemalige
Klosterkirche St. Cosmas und Damian

The history of Wadersloh began in
the first half of the 9th century with
the establishment of the Liesborn
convent, which was turned into a
Benedictine abbey in 1131. The
former convent church, St. Cosmas
und Damian, was essentially given

L'histoire de la commune de Wadersloh commença dans la première
moitié du 9e siècle avec la fondation
du couvent de Liesborn qui fut
transformé en 1131 en une abbaye
bénédictine. L'ancienne église du
monastère St. Cosmas et Damian

erhielt ihre heutige Gestalt im wesentlichen im 15. Jahrhundert. Im Inneren
zeigt die Kirche dekorative Wand-
malereien, die Kanzel mit reichem
Figurenschmuck und eine Strahlen-
kranzmadonna aus dem frühen
16. Jahrhundert.

its present design in the 15th century.
The interior of the church displays
decorative wall paintings, the pulpit
richly ornamented with figures and a
Madonna with halo from the early
16th century.

reçut son aspect actuel, pour
l'essentiel, au 15e siècle. L'intérieur
est orné de fresques, d'une chaire
richement sculptée et d'une Madone
à la couronne de rayons du 16e
siècle.

Von den ehemaligen Klostergebäuden blieb nur die Abtei erhalten, ein Drei-flügelbau aus der ersten Hälfte des 18. Jahrhunderts. In den historischen Räumen ist jetzt das Heimathaus des Kreises Beckum untergebracht – eines der bedeutendsten Regionalmuseen in Westfalen. Es gibt Einblick in frühere Wohnkultur, aber auch in die Vielfalt regionaler Kunst. Dazu gehören die Altartafeln des Meisters

Of the former convent buildings only the abbey remained intact, a three-wing edifice from the first half of the 18th century. The so-called Heimathaus of the district of Beckum, one of the most significant regional museums in Westphalia, is now located in the historical rooms. It provides an insight into early home décor, but also into the diversity of regional art. This includes the 15th

Des anciens bâtiments du monastère seule l'abbaye nous est parvenue. C'est un édifice à trois ailes de la première moitié du 18e siècle. Le musée des Traditions Locales du district de Beckum a été aménagé dans ces antiques salles. C'est l'un des musées régionaux les plus im-portants de Westphalie. Il renseigne sur l'art de l'ameublement d'autrefois mais aussi sur la complexité de l'art

von Liesborn aus dem 15. Jahrhundert ebenso wie eine umfangreiche Sammlung von Kruzifixen von der Romanik bis zur Moderne. Auch die Innenausstattung ist beeindruckend. Das Treppenhaus mit seiner geschnitzten Brüstung blieb ebenso erhalten wie Gemälde aus dem 17. und 18. Jahrhundert, die früher das Kloster schmückten.

century altar panels of the master from Liesborn as well as an extensive collection of crucifixes from the Romanesque period to the modern era. The interior decoration is also impressive. The staircase with its carved balustrade was preserved as well as paintings from the 17th and 18th century that used to adorn the convent.

régional. Il comprend, entre autres, le retable du maître de Liesborn du 15e siècle de même qu'une riche collection de crucifix allant de l'époque romane aux temps modernes. L'aménagement intérieur est impressionnant lui aussi: la cage d'escalier avec sa rampe sculptée nous est parvenue de même que des peintures des 17 et 18e siècles qui ornaient jadis le monastère.

Ennigerloh erging es wie vielen Orten im Münsterland: Mit der Industrialisierung schwand die Puppenstuben-Gemütlichkeit. Kalk- und Zementfertigung sorgten für Prosperität, veränderten aber auch das Gesicht der Stadt. Den ländlichen Charme früherer Tage lässt der alte Ortskern „Drubbel" ahnen (oben).

Auch Oelde, das aus einem Hof der Bischöfe von Münster hervorging, ist längst Industriestandort. St. Johannes gehört zu den ältesten Pfarrkirchen der Diözese. Ihr neugotischer Turm von 1864 ist das Wahrzeichen der Stadt.

Ennigerloh experienced the same fate as many towns in Münsterland: as industrialization progressed, the dollhouse coziness disappeared. Lime and cement production provided for prosperity, but also changed the face of the city. The old town core "Drubbel" (above) gives an indication of the rural charm of earlier days. Oelde, too, which developed out of an estate owned by the bishops of Münster, has long become an industrial location. St. Johannes is among the oldest parish churches in the diocese. Its neo-Gothic tower dating from 1864 is the landmark of the town.

Ennigerloh a subi le même sort que beaucoup de localités du Pays de Münster. L'industrialisation a mis fin à l'atmosphère douillette d'une maison de poupées. La fabrication de calcaire et de ciment ont apporté la prospérité et transformé le visage de la ville. Le vieux centre historique «Drubbel» (ci-dessus) laisse deviner le charme champêtre d'autrefois. La localité d' Oelde qui se développa à partir d'une ferme de l'évêque de Münster a été envahie depuis longtemps, elle aussi, par l'industrie. St. Johannes est l'une des plus vieilles paroisses du diocèse. Son clocher néogothique de 1864 est emblématique de la ville.

Seine Mönche studierten in Paris und Prag, es galt als eines der reichsten und geistig bedeutendsten Klöster Westfalens: Die Geschichte des Zisterzienserklosters Marienfeld (oben: ehemalige Abtei von 1702) reicht bis ins Jahr 1185 zurück. Die Kirche wurde 1222 geweiht. Besonders bei Konzerten kommt ihre gewaltige Barockorgel zur Geltung. Sie stammt aus der Mitte des 18. Jahrhunderts und gilt als eine der bedeutendsten des Landes.

Its monks studied in Paris and Prague and it was considered to be one of the richest and intellectually most significant monasteries in Westphalia: the history of the Cistercian monastery of Marienfeld (above: former abbey from 1702) reaches back to the year 1185. The church was consecrated in 1222. Its mighty baroque organ is best shown to advantage at concerts. It dates from the mid-18th century and is regarded as one of the most significant in the state.

Ses moines étudiaient à Paris et à Prague. Il était considéré comme l'un des monastères les plus riches et les plus importants pour la vie de l'esprit en Westphalie: l'histoire du monastère cistercien de Marienfeld (ci-dessus: l'ancienne abbaye de 1702) remonte à l'année 1185. L'église fut consacrée en 1222. Les concerts surtout permettent de mettre en valeur le prodigieux orgue baroque. Il date du milieu du 18e siècle et est considéré comme l'un des plus remarquables du land.

Die meisten Besucher verschlägt es immer noch der Pferde wegen nach Warendorf. 1826 richtete der preußische König hier das Landgestüt ein, wo zunächst schwere Arbeitspferde für die Bauern gezüchtet wurden. Daraus entwickelte sich die Zucht von Reitpferden: Seit 1913 hat das Deutsche Olympiade-Komitee für Reiterei seinen Sitz in Warendorf. Neben den Pferden größtes Kapital der Stadt ist ihr historischer Kern rund um die alte Pfarrkirche St. Laurentius, die 1139 erstmals urkundlich erwähnt wurde.

Most visitors are still drawn to Warendorf because of the horses. In 1826 the Prussian king set up the state stud farm here where initially heavy workhorses were bred for the farmers. This developed further into the breeding of racehorses: the German Olympic Committee for riding has had its headquarters in Warendorf since 1913. Besides the horses, the town's greatest capital is its historical core around the old parish church, St. Laurentius, which was first mentioned in a document in 1139.

C'est toujours à cause des chevaux que la plupart des visiteurs viennent à Warendorf. Le roi de Prusse y créa en 1826 le haras du pays. On y éleva d'abord de lourds chevaux de trait pour les paysans puis des chevaux de course: le Comité Olympique Allemand pour l'équitation a son siège depuis 1913 à Warendorf. Cette ville a aussi un centre historique autour de la vieille église paroissiale St. Laurentius, attestée par un document de 1139.

Nicht erst heute wissen Zeitgenossen die naturgegebenen Vorzüge Warendorfs zu schätzen. Dank seiner günstigen Lage an einer Furt durch die Ems, die schon im 7. Jahrhundert die Sachsen zur Gründung eines Dorfes veranlassten, stieg Warendorf im Mittelalter zu einem wichtigen Mitglied des Hansebundes auf. Zu wirtschaftlichem Aufstieg verhalfen Goldschmiede, Zinngießer und be-

It is not only now that contemporaries have appreciated the natural assets of Warendorf. Thanks to its advantageous location on a ford across the Ems, which led the Saxons to establish a village there back in the 7th century, Warendorf rose to become a major member of the Hanseatic League in the Middle Ages. Its economic upswing was aided by goldsmiths, pewterers and in particular the

Nos contemporains ne sont pas les premiers à apprécier les avantages naturels de Warendorf. Grâce à sa situation près d'un gué de l'Ems, les Saxons y fondèrent un village dès le 7e siècle et Warendorf devint au Moyen Age l'un des membres les plus importants de la Hanse. Les orfèvres, les spécialistes du travail de l'étain et surtout les tisserands – le lin et le damas de Warendorf étaient

sonders die Weber – Leinen und Damast aus Warendorf waren in ganz Europa berühmt. Im Alten Rathaus aus dem 15. Jahrhundert führt das Heimatmuseum durch die Textil- und Handwerksgeschichte. Vom einstigen Wohlstand zeugen heute noch zahlreiche Wohnbauten aus dem 16. bis 19. Jahrhundert wie hier in der Oststraße.

weavers – linen and damask from Warendorf were famous all over Europe. The museum of local history takes you through the history of textiles and the craft trades in the Old Town Hall from the 15th century. Even today numerous buildings dating from the 16th to 19th century, such as here in Oststrasse, testify to the affluence of that time.

célèbres dans toute l'Europe – permirent l'essor économique de la ville. Dans le vieil hôtel de ville du 15e siècle, le musée des Taditions Locales présente l'histoire du tissage et de l'artisanat. De nombreuses maisons allant du 16e au 19e siècle témoignent encore aujourd'hui de la richesse d'antan – comme ici dans l'Oststraße.

Geradezu wehrhaft mit fünf Türmen in die Landschaft gestemmt: die frühromanische Stiftskirche in Freckenhorst. Eine Inschrift am steinernen Taufbecken bezeugt ihre Weihe im Jahre 1129. St. Bonifatius geht auf ein adeliges Kanonissenstift zurück, das im 9. Jahrhundert entstand und erst 1811 aufgehoben wurde. Kunstgeschichtlich besonders interessant ist die Grabplatte der Geva mit lebensgroßer Darstellung der Kirchengründerin vom Anfang des 13. Jahrhunderts.

Virtually hewn into the landscape with five towers: the early Romanesque collegiate church in Freckenhorst. An inscription on the stone baptismal font testifies to its consecration in 1129. St. Bonifatius dates back to a home for noble elderly canonesses that was built in the 9th century and was not dissolved until 1811. Of particular interest in terms of art history is the memorial slab of Geva with a life-size representation of the founder of the church from the beginning of the 13th century.

L'église collégiale de Freckenhorst du début de la période romane, campée dans le paysage avec ses cinq tours, a vraiment un air défensif. Une inscription sur les fonts baptismaux de pierre témoigne qu'elle fut consacrée en 1129. St. Bonifatius remonte à la fondation, au 9e siècle, d'un couvent de Canonisses pour les dames de la noblesse qui ne fut fermé qu'en 1811. Du point de vue de l'histoire de l'art la plaque tombale de Geva du début du 13e siècle, est particulièrement intéressante. On y voit une représentation grandeur nature de la fondatrice de l'église.

Auch weltliche Genüsse werden im Münsterland groß geschrieben. Wer immer schon mal die Welt von oben betrachten wollte, sollte eine Fahrt in einem der zahlreichen bunten Heißluftballons wagen. Sanft mit dem Wind über die Parklandschaft dahin zu schweben ist ein unvergessliches Erlebnis. Und auch Füchtorf baut seinen Ruhm längst nicht mehr nur auf historisches Erbe (oben: Schloss Harkotten-Ketteler aus dem 18. Jahrhundert). Feinschmecker unserer Tage schwören auf frisch gestochenen Füchtorfer Spargel, der hier auf sandigem Boden besonders gut gedeiht.

In Münsterland emphasis is also placed on mundane pleasures. Those who always wanted to watch the world from above should venture a ride in one of the numerous colorful hot-air balloons. Floating over the park landscape gently with the wind is an unforgettable experience. And Füchtorf, too, has long ceased to build its fame solely on its historical heritage (above: Schloss Harkotten-Ketteler from the 18th century). Present-day gourmets swear by freshly cut Füchtorf asparagus, which thrives here extremely well on sandy soil.

Les plaisirs de ce monde ont aussi leur place au Pays de Münster. Une excursion dans l'un des nombreux ballons à air chaud multicolores permet à ceux qui en rêvent depuis toujours de contempler la terre d'en haut. Se laisser porter doucement par le vent au-dessus du paysage est une expérience inoubliable. Füchtorf ne doit pas non plus sa renommée uniquement à son héritage historique (ci-dessus: le château de Harkotten-Ketteler du 18e siècle). Les gourmets parmi nos contemporains jurent par les asperges de Füchtorf fraîchement récoltées qui poussent particulièrement bien dans le sol sableux de cette localité.

Literatur-Nobelpreisträger Günter Grass hat diesen kleinen Ort östlich von Münster mit seiner Erzählung „Das Treffen in Telgte" weltberühmt gemacht. Als Marienwallfahrtsort schrieb Telgte jedoch weitaus früher Geschichte. Schon seit 1455 zog ein Gnadenbild – eine Pieta aus dem 14. Jahrhundert – Pilger an, für das der Bischof von Münster zweihundert Jahre später eigens eine Kapelle errichten ließ (rechts). Die Altstadt hat ihre mittelalterliche Struktur bis heute bewahren können (oben: Bürgerhaus von 1568).

Literature Nobel Prize winner Günter Grass made this small town east of Münster world-famous with his story "The Meeting in Telgte". However, as a pilgrimage place for veneration of the Virgin Mary, Telgte made history at a much earlier date. A picture with miraculous powers – a Pietà from the 14th century for which the bishop of Münster had a chapel specially built two hundred years later (right) – has been attracting pilgrims since 1455. The Old Town has preserved its medieval structure down to today (above: town house from 1568).

Avec sa nouvelle, «La Rencontre à Telgte» Günter Grass, prix Nobel de littérature, a rendu cette petite localité à l'est de Münster célèbre dans le monde entier. Pourtant Telgte était un lieu de pélerinage à la Vierge et joua bien plus tôt un rôle dans l'histoire. Déjà en 1455 une image miraculeuse – une Pietà du 14e siècle – attirait les pélerins et l'évêque de Münster, deux cents ans plus tard, fit construire une chapelle exprès pour elle (à droite). La vieille ville a gardé jusqu'à nos jours sa structure médiévale (ci-dessus: maisons de 1568).

Es sind Bilder wie diese, die das Münsterland prägen und neben seinen kunst- und kulturhistorischen Schätzen zu einem landschaftlichen Juwel machen. Ob hoch zu Ross, per Rad oder zu Fuß – bei jedem Streifzug sind Überraschungen nicht ausgeschlossen. So mancher, der auszieht, um die Natur zu genießen, kehrt mit einer Lehrstunde heim. Wie zum Beispiel hier bei Ostbevern, wo zwischen Höfen und Koppeln ein einzigartiges Museum die Geschichte des Wäschewaschens erzählt.

It is pictures like these that characterize Münsterland and make it into a scenic gem in addition to its art and cultural history treasures. Whether sitting high on a horse, on a bicycle or on foot – you can expect surprises on every expedition. Many who come to enjoy nature return home having learned something new. Such as here near Ostbevern, where between farms and paddocks a unique museum recounts the history of washing clothes.

Des images comme celle-ci caractérisent le Pays de Münster. Ses paysages sont des trésors qui sont appréciés autant que ses richesses artistiques, culturelles et historiques. Que l'on parcoure le pays, perché sur un coursier, à bicyclette ou simplement à pied, il faut s'attendre à des surprises. Plus d'un voyageur qui partait pour profiter de la nature a reçu un enseignement en chemin, comme ici, par exemple, près d'Ostbevern où, entre les fermes et les pâturages, un musée unique en son genre raconte l'histoire de la lessive.